「あいまい・もやもや」こそが高収益を生む

利益を上げ続ける逆転の発想

菅原伸昭　藤井幸一郎 著

B&Tブックス
日刊工業新聞社

まえがき

私（菅原）が大学生活を送ったバブル期、日本経済、日本企業はJapan as No.1と呼ばれ世界を席巻していました。専攻は理系でしたが、世界で活躍するビジネスマンの姿に憧れて総合商社に入り、数年後には「世界に日本の良さを伝えるなら製造業で…」と思い、キーエンスという会社に入社しました。

工業用の機器を開発・製造している同社では、上司や運に恵まれ、台湾、香港、上海で海外現地法人を立ち上げ、現地法人の責任者として直販営業を行う社員を数多く採用し、営業組織をゼロから作る経験をしました。その後、米国の現地法人の責任者として赴任し、今度は米国のビジネス世界に日本式の営業や事業をどう根づかせるか、という課題に無我夢中で取り組みました。そして、あっと言う間に約14年の海外での月日が経ち、いよいよ日本に帰国する日を迎えたのです。

私は、それまでにもときどき一時帰国はしていましたが、日本に住むのは久しぶりでした。そして、帰国後しばらくして、なんとも言えないショックを感じたのです。私の海外ビジネスへの憧れのきっかけは、世界で活躍する日本のビジネスマンの姿でしたが、そんな自信に満ち、世界に目を向けるビジネスマンは14年後の日本ではほとんど見られず、日本のビジネス界でもてはやされるのは、日本国内市場で成功したベンチャーや、米国流の仕事のやり方を行う外資系企業の経営者という状況でした。

帰国後しばらくして、「LMガイド」という機械要素部品で世界の半分のシェアを持つ、THKという会社（売上約3000億円）にグローバルでの事業戦略の責任者として入社し、まず会社と事業を理解すること、そして新たな戦略を考えるミッションを与えられました。そこで私が用いたのは、米国のビジネススクールで学ぶような手法でした。フレームワークを駆使し、市場、事業、運営方法を整理し、自社はどうするべきか戦略を考えるためのものです。

ところが、そのような手法はなかなか組織に馴染まず、私自身も大きな違和感を抱くようになりました。THKは40年以上にわたり世界で50％を超えるシェアを維持してきた会社です。「多くの日本企業がグローバルでシェアを失っていく中、高いシェアを維持している。そこにはそれ相応の秘密があるはず」。そういう思いから多くの方の話を聞き、最後にはすでに引退している創業者と一緒に、会社を築き上げて来た元幹部らにも話を伺いました。その結果、全く異なるメカニズムが背後にあったことを悟りました。

その視点から、前職含め、これまで長期間自らが行ってきたことを振り返ったとき、そこにはある意味で、似たようなメカニズムがあったことに気づかされました。ところが、現場の最前線でその、日本独自のメカニズムを実践していた自分、日本のビジネスマンに憧れそれを海外に広げようと夢中で頑張っていた自分が、なぜか新たな企業に入ってそのビジネスを解き明かす際には、米国のビジネス手法を使ってしまっていたのです。

日本独自のビジネスメカニズムに気づかなかったのは、もちろん、私自身が未熟だったこともあります。しかし、私はこれまでの経験から同時に、日本には日本のビジネスの手法を顕在知化して他人に伝えるための表現方法が、一部を除いてほとんど存在していないことに起因しているという思いに至りました。

日本独自の経営は、終身雇用、真面目で働き者の社員、家族主義、現場主義、階級のない平等な社会など、いろいろな言葉で断片的に表現されます。また、かつて高度成長を築いてきた人たちは、その頃の熱い思いや固い結束が日本の成長を支えたことを語ります。しかし、私が勤めてきた企業も含め、今もグローバルで活躍する日本企業は、この断片的な日本の良さだけで世界に通用する会社になっているわけではなく、そこにはまだ顕在知化されていない、表現されていない経営手法があると、そう感じるようになったのです。

そんな頃私は、縁あって本書の共著者である藤井氏と出会いました。藤井氏は、財務省に勤めた後、外資系コンサルを経て独立し、今はベンチャーを立ち上げられています。彼はコンサルがよく行うような、考えを何かの枠にはめるということがなく、非常に自由な発想の下、ゼロベースで考えることができる人です。

私は、この日本企業の優秀さはどこから来るのかという疑問を彼にぶつけました。そして、私の経験と藤井氏の数多くの企業とお付き合いした経験を合わせ、１００時間を超える議論を重ねた末、本書に記載する「あいまい・もやもやだからこそ高収益になる」というアイデアに至りました。そしてご縁をいただいた、日刊工業新聞社の井水社長に共感していただき、日本のモノづくりを支え続けた同社から本書を世に出すことができました。

もちろん、苦労を重ねた経営者と数多のビジネスマンが、知恵と汗で築いたビジネスの結晶を、たかが10万文字程度で書き表せるはずもないことは、現場で取り組んできた人間として断言できます。もっと尊い何かがそこにはたくさんあると思います。しかし、これまでほとんど焦点を当てられてこなかった部分に、ある角度から光を当ててみることに価値があると考え、本書を執筆しようと決意しました。

おそらく本書に目を通されると、「当たり前のことを言っているな」と感じる方も多いと思います。当たり前のことを、わざわざ難しく書いていると感じるかもしれません。しかし、欧米のビジネスのフレームワークも、よく見るとどれも極めて簡単な当たり前のことを言っています。例えば、３Ｃと呼ばれるフレームワークは「事業は企業と顧客と競合の３つの要素でできている」というシンプルなものです。しかし、頭（論理脳）でビジネスを考え、他人に伝えるには、結局そういうフレームワークが必要です。だから、日本企業にとっては当たり前のことだからこそ、顕在知化することに価値があると感じています。

最後に、本書は抽象的な内容を、時に身近な例を用いて説明しています。私が経験してきた2社は、工場や研究所向けの機器を製造する会社で、ほとんどの方が触れることのない世界です。したがって、本書では例として用いることはしませんでした。著者らが経験した企業での、自らの経験に基づくリアルな話の方が説得力もあると思いましたが、書籍という多くの方の目に触れる性質上、割愛しました。ご理解・ご了承いただければと存じます。まだ不十分なところだらけの内容かと思いますが、本書のアイデアにご興味いただき、ご質問・ご指摘がございましたら、巻末に連絡先を載せておりますのでそちらにご連絡・ご意見いただければ、大変嬉しく存じます。

菅原　伸昭

２０１８年2月

利益を上げ続ける逆転の発想
「あいまい・もやもや」こそが高収益を生む　目次

第2章 個客の時代に必要なProduct-Customers-Fit 53

第5章 高収益を生む4つの理由　127

第6章 Product-Customers-Fitの応用　141

〈前編：事業編〉

はじめに

キーエンスという会社で勤めていた2001年、私は中国の現地法人を立ち上げました。それ以前の総合商社に勤めていた時代から中国とは関わりがあり、キーエンスでも2年ほど毎月のように出張に行っていました。社内では誰よりも中国のことに詳しく、さらに現地法人設立後も全国を飛び回って多くの顧客を訪問し、また中国特有の規制や商習慣にも悩まされながら、中国市場というものを深く広く理解しました。

ですから、日本の本社部門から現地の状況について聞かれると、意気揚々に中国市場のことを伝えたものです。ところが、返ってくる反応は、「ふーん、そんな感じなんだ（本当にそうなの？）」というものでした。頭ではわかるけど、実感が伴わない。理屈ではそうなんだろうけど、腹落ちしていないような反応でした。

そんな反応だったので、必死になって情報を整理しようとしたのですが、そうすればするほど、上手く伝わらなくなっていきました。徐々に私は、「それは、受け手側の問題なのだ」と考えるようになり、何か疑問をぶつけられると、「ここは中国なんですから、そんなこともありますよ！」と答えるようになっていました。そしてその答えを聞いた相手も、「ふーん、本当にそうなの？」と言っていました。どれだけ必死に整理しても、中国ですからと一言で言っても、受け止める側の実感に大きな差はなかったのです（聞く相手は、すごく理解を示す方から、そうでない方までいろいろではありましたが…）。

その後、私は米国に赴任になり、現地法人の責任者になりました。こちらはすでに設立して25年が経っており、私は米国市場に対しては新米でした。そこで市場を知ろうと思い、本社から米国出張に来た人と一緒になって多くの顧客を回り、お互いに意見を交換しました。そのとき、本社のスタッフの方たちは（中国を回っていたときと同じ人の場合と、そうでない場合の両方がありましたが）、中国のときとは異なる反応でした。「なるほど」と言って、とても納得したような反応を示したのです。

当時私は、この反応の違いは、単純に中国と米国は違うからだと受け止めていました。それから私は責任者として、「会社のため、組織のため、米国市場を誰よりも知らなければならない」という思いで、毎週飛行機に乗って各地を飛び回りました。そして得た情報を、必死になって整理する努力をしました。しかし、そうやって整理して伝えると、再び「ふーん」という感じの反応が返ってきたのです。当時の私にはその理由がわかっていませんでした。

その後、ＴＨＫという会社に入社し、グローバルで事業戦略の責務をいただきました。そして、私はこれまでと同じ考えで、ＴＨＫの製品の市場を分析し整理していました。しかし、長くＴＨＫに勤めていた多くの方たちにその意見をぶつけると、再びあの「ふーん」という反応が返って来たのです。

一方、ＴＨＫでは、新しい商品を企画するチームを作り、商品企画のスタッフを育てました。彼らは多くの顧客を訪問してヒアリングし、その複雑な情報を整理して、私に「こういった市場があります」と伝えてきたのです。そのとき、今度は私が不思議な感覚に襲われていました。どこか実感がなく「なるほどそうかもしれないけど、本当にそうなんだろうか？」という感覚です。そして、今度は私が「ふーん、そんな感じなんだ」という反応を返していたのです。

本書を執筆する機会をいただき、共著の藤井氏と多くの議論を重ねました。彼はベテランの経営コンサルタントで、過去にもＴＨＫのコンサルタントを引き受けていただいており、私が持っているこのもやもやした感覚は共有できていました。そして、そのもやもやは「市場という概念そのものが幻想である」ことが根本原因ではないかとの結論に至りました。

私は営業を自ら行い、また組織運営をする立場で、25年にわたり数多くのお客様とお会してきました。そこで様々な話を聞き、現場の状況を見てきました。それは質感のあるリアルな世界です。それが「市場」という概念で切り取られたとき、あたかも仮想現実の世界に行ってしまうような、そんな感覚を覚えたのです。そして、その仮想現実の世界に行くような感覚は、「市場」について説明される人の誰もが持つ感覚ではないかと思います。

実際に商品を見て買って使っていただく顧客は一人ひとり、一社一社異なります。それを販売側にとって都合の良い軸で切り取り集約することで、リアルの世界にある情報の質感をほとんど失うことになるのではないか？　この気づきをきっかけに、本書の主題である「市場ではなく一人ひとり、一社一社の顧客を大切にしながら、そこからの情報を元に自社の事業基盤や強みを継続的に築き、さらに顧客と社内とで、コミュニケーションを繰り返し行う中で進化・成長する事業モデル」として、「Product-Customers-Fit」というアイデアに至りました（シリコンバレーでよく用いられるモデルは「Product-Market-Fit」で、これはその展開版です）。

この考えは、欧米のビジネススクールで教えられるようなクリアに割り切ったモデルではありません。説明にあいまいさが残り、理解はもやもやとしています。しかし、いろいろな事例で見ていけばいくほど、それがとても当たり前に感じる、そんな不思議な考えです。

本書は前編・後編の２つに分かれています。前編は事業的側面から、後半は組織風土的側面から述べています。まず前編では、時代の変化とともに市場・ニーズという考え方が通用しなくなっている背景から解き明かし、その後、Product-Customers-Fitという新たな概念、それを成り立たせる「多層化された商品」という考え方を説明し、そしてProduct-Customers-Fitが高収益を生む理由、またそのために営業・開発・新規事業はどうあるべきなのか、さらにＢ２Ｂ業界や、ＡＩ・ＩｏＴ時代においてどう事業を構築していけばいいのかを述べています。

〈前編：事業編〉

第１章 市場という幻想

1-1 市場は予測可能だった

❖ビジネスはまず市場予測からという前提

ビジネスあるいは事業を行うには、「市場規模を予測し、将来のニーズを見極め、そのニーズに合致する商品を開発する」という方法が一般的です。例えば、10年前に携帯電話市場に参入していた場合、その市場が伸びる規模を予測し、メッセージ機能や軽量化のニーズがあると見極め、それらに合致する製品を開発したでしょう（実際にはスマホに置き換わりましたが）。

これからの時代における自動車市場の場合は、自動運転が増えると予測し、自動運転が進むと周囲の障害物を確実に見つける画像処理やセンサーが必要になるため、それに対応する高速処理の集積回路を開発しよう、というような流れを取るでしょう。このような市場予測は主に、製造業が自社開発製品を作る過程でよく行われています。この方法は一見合理的ですが、とても大きな前提があって初めて成り立ちます。それは「供給者側の予測するように市場が変わり、予測するニーズがある」ということです。

❖モノづくりにおける市場予測・サービスにおける市場予測

モノが足りない時代には、「市場の予測」も「ニーズの見極め」も容易でした。特に明治の近代化から昭和の高度成長時代に至るまでは、日本が欧米先進国に追いつく時代であり、「人々が何を欲しがっているか、何を作る必要があるか」がはっきりしていたのです。そして作るべきものが決まった状態で、より良いものをより低コストで作ると言う開発が、特に日本の産業の中核であった製造業で主流になりました。

このような時代では、「市場の予測」と「ニーズの見極め」は誰もがほぼ同じ結論に達するため、開発は「競合他社より少しでも良いものを少しでも安く作ること」が目標になり、営業は「市場で勝つためのシェア獲得」が目標となりました。また、人口が増加した時代においては、同じものを必要とする人が増加する時代でもありました。人口が2倍になれば、自動車が2倍必要になる、家が2倍必要になる、そういう形で単純に予測ができたのです。

さらに、市場予測に基づく開発を洗練させるべく、欧米ＭＢＡ流の経営手法が入ってきました。これは市場をセグメントに分け、外部環境から市場規模を、自社と競合製品から自社の競争優位性を予測し、さらに顧客ヒアリングからニーズを見極めて戦略を策定し、社内のリソースを準備して開発の投資をする手法です。

しかし、市場予測に基づく開発手法が洗練されていく一方で、モノが足りない時代は終わり、同時に仕事をすること以外の時間も増えてくるにつれて、サービスを求める人たちが増えてきました。サービスは製造業ほどニーズの見極めを行いません。特に3～5年の長期の予測をしないことがほとんどです。理由は予測がそもそも難しいこと、さらにサービスが消費者や顧客に響く寿命（ライフサイクル）が短く、予測してもまたすぐに変化させなければならないからです。また、予測が必要なほどの長いサイクルで開発投資したら、消費者の変化に遅れて失敗します。実際にサービス分野におけるビジネスは、他社の新しいサービスが消費者に受けるとわかったらすぐに取り入れ、そのサービスがうまくいけば全国に展開するという方法を取っています。

❖ソフトウェアにおける市場予測

モノづくりでもなく、サービスでもない、ソフトウェア産業の市場予測はどうなっているのでしょうか。ソフトウェアは製品のライフサイクルが、製造業に近い長いものとサービスに近い短いものとがあります。ソフトウェアの製品においても「市場を予測し、ニーズを見極め、製品を開発する」という方法は行われています。開発に時間とお金がかかり、高い品質完成度を求められる商品の場合はこの方法を取っています。例えば、マイクロソフトのウィンドウズなどの製品です。

一方、クラウド上でのサービスやスマホのアプリに代表される製品は、とりあえず市場に出すというよりサービスに近いやり方を取っています。一般的にベーター（β）版と言われる半製品を市場に出し、ユーザーに使ってもらい、ユーザーからのフィードバックを生かして半製品を改良していく手法です。ソフトウェアはその修正に、モノづくりの製品ほど多額の費用と時間がかからないためにできることです。

❖従来の市場予測では利益が出なくなった

サービスやクラウドサービスにはよくある「ニーズの見極めが難しい」という状況は、今に始まったわけではなく、バブル期に日本が先進国の仲間入りをした時からありました。その頃から自社でニーズ見極めるのが難しいため、他社がヒットした商品を真似ることも出てきます。しかし全く同じだと差が出ないので、少しだけ違う商品を出します。こうして製品が少しずつ多様化し、その結果、顧客の選択肢も増加していきました。そしてさらに、多様化した選択肢が多様な商品を期待するマインドを生み、ニーズが多様化していったのです。

服はシンプルなものから様々なデザインのものへと変わり、主食の米でさえ多くのブランド米が現れました。コーヒーもお酒も数え切れないくらいの種類が存在します。自動車、家電、パソコン、携帯電話も多くの種類の製品が世に出ては消えて行きました。しかし、種類が多くなればなるほど、設計や開発にかかる時間とお金は増え、生産も複雑になります。

工業製品で言えば、工場の生産性は過去30年で劇的に向上しています。しかしそれを相殺するように、多様化による生産の製造コストは高くなり、製品の変化の速度は上がり続けました。これは、この数十年、従業員の給与向上も含めた、付加価値額の収益がなかなか向上しなかった要因の一つでもあるのでしょう。

❖商品開発におけるジレンマ

「多様化するニーズに合わせると、コストが上がる」――このような状態になった結果、工業製品の商品開発はジレンマを抱えるようになりました。「市場を予測し、ニーズを見極め、開発を行う方式」では予測不可能な時代にギャンブル的な投資になってしまう。もう一方で「変化する多様な顧客ニーズに応えて、多くの種類の製品を開発する」方法だと製造がコスト高になり、利益が減少してしまう。この、「どちらを取っても上手くいかない」というのが、この20年ほど製造業が抱えてきたジレンマではないでしょうか。

1-2 「なくてはならないニーズ」から「あったらいいなというニーズ」へ

❖ B2Cは「なくてはならないニーズ」から「あったらいいなというニーズ」へ

これまでの開発手法が成立しない背景には、ニーズの根本的な変化があります。ニーズはその言葉通り、何かの「必要性」から生まれています。例えば、一軒の家を購入したとします。そうすると、食卓を買おう、ベッドを買おう、テレビを買おうなどの必要性が生まれます。この必要性は、「なくてはならない状態」と言い換えることができます。家には食卓、ベッド、テレビがあるという前提です。

この前提から生まれるニーズを「なくてはならないニーズ」と呼ぶことにします。オリンピックの開催が決まると、競技場や選手村が要ります。こうして「なくてはならないニーズ」が生まれます。「なくてはならないニーズ」は論理的に導きやすいニーズです。生産側の企業から見ても見極めやすく、あっという間に競争が（あるいは利権が）生まれます。

❖3つの「なくてはならないニーズ」とは

「なくてはならないニーズ」は、「生きていくためのニーズ」「労働の無駄をなくすニーズ」「移動と通信の便利さ」の3つに分類されます。産業革命に入るまで、ニーズの大半は1つ目の「生きていくためのニーズ」でした。衣食住を補うためのニーズがあり、それが海外との貿易を生み、時に土地を奪う戦争の原因となりました。

産業革命の時代に入ると、2つ目の「労働の無駄をなくすニーズ」が、機械に代替される形で急速に高まりました。こうして、家庭の労働は大きく変化していきます。裁縫や家の掃除、炊事、洗濯など様々な仕事がどんどん機械化・機器化していきました。これらの作業の負担が軽減するニーズは常に、目に見える「なくてはならないニーズ」として存在してきました。そして、人の代わりに作業を行う機械は大量生産されることで、価格は安くなり普及しました。

3つ目の移動と通信の生産性向上も、強い「なくてはならないニーズ」として発展し続けてきました。移動は、歩く時代、馬に乗る時代、そして自動車、高速鉄道、飛行機の時代へと発展し、通信は、手紙を馬で送った時代から電報、電話の時代、そしてインターネットの時代へと、常に「なくてはならないニーズ」として発展したのです。

家事や農作業が機械に代替され、移動・通信が高速化すると、これまで農作業や家事、移動や通信に使っていた時間が大幅に短縮されるため、私たちの生活の中に余った時間が多く生まれることになります。もちろん、私たちの仕事もそのときどきの「なくてはならないニーズ」を満たす産業を担う側に移動し、新たな仕事に就いて忙しく働いてきました。しかし、それでも作業や移動・通信の効率は飛躍的に向上し、結果として多くの人々に余った時間が増えて行きました。

❖「なくてはならないニーズ」はほとんど残っていない

このように見てみると、新たな「なくてはならないニーズ」は、ほとんど残されていません。これまで買い物は時間がかかる仕事でしたが、コンビニエンスストアの登場、そしてEコマースの普及により大きく減少しました。

今も目に見える形で残っている大きな「なくてはならないニーズ」は、通勤時間の解消です。米国であれば車の運転時間で、日本では電車に乗っている時間です。目に見える形だからこそ、自動運転が脚光を浴びて多くの参入企業が名乗りを上げています。「なくてはならないニーズ」は限られているため、競争が激化しているのです。

❖「あったらいいなというニーズ」は余った時間にある

「なくてはならないニーズ」が減り、同時に人々の時間はどんどん余ってきています。この余った時間を使うニーズが生まれてきますが、これが「あったらいいなというニーズ」です。

「なくてはならないニーズ」を満たす仕事である農業の機械化や工業製品の製造業が、産業革命以後多く生まれましたが、それらの産業に従事している人は今や4分の1以下です。すなわち、残る4分の3の労働者は「なくてはならないニーズ」ではない、「あったらいいなというニーズ」を生み出すために働いています。テレビ番組を作る人、ゲームを作る人、旅行をアレンジする人、レストランで料理を作る人など、これらすべては「あったらいいなというニーズ」を満たすための仕事です。

❖時代や社会で変わる「なくてはならないニーズ」

一見、「なくてはならないニーズ」であっても、実際は「あったらいいなというニーズ」

であるものが多くあります。先に、家を建てたらテレビを買うのは「なくてはならないニーズ」と述べましたが、テレビは実際には「あったらいいなというニーズ」です。

一例ですが、著者はテレビを持っていませんし、あまり必要とも感じていません。ただ、ときどき友人に奇異に思われることはあります。おそらくテレビは必需品と感じているからでしょう。このように本来は「あったらいいなというニーズ」も、人々の認識とまわりからどう見られるかという社会性の中で、「なくてはならないニーズ」に変わります。

自動車も、米国や日本の田舎では「なくてはならない移動手段としてのニーズ」ですが、日本の都会では「あったらいいなというニーズ」です。しかし高度成長時代、あたかも車はステータスシンボルのように扱われ、当時の社会通念では車は「なくてはならないニーズ」でした。中流階級なら、マイホームを持てば車を買うのは当たり前でした。今でも、中国では会社のオーナーになれば、車は「なくてはならないニーズ」ですし、ドイツでは、会社で役職がつけば、良い車に乗ることは「なくてはならないニーズ」です。これは、社会性が生み出す「なくてはならないニーズ」です。

この社会通念で出来上がった「なくてはならないニーズ」も、価値観の多様化の中で急激に少なくなってきています。「いつかはクラウン」などという価値観を前面に出すような宣伝はほとんどなくなり、消費者は誰もが「あったらいいなというニーズ」でモノを買うよう

「なくてはならないニーズ」から「あったらいいなというニーズ」へ

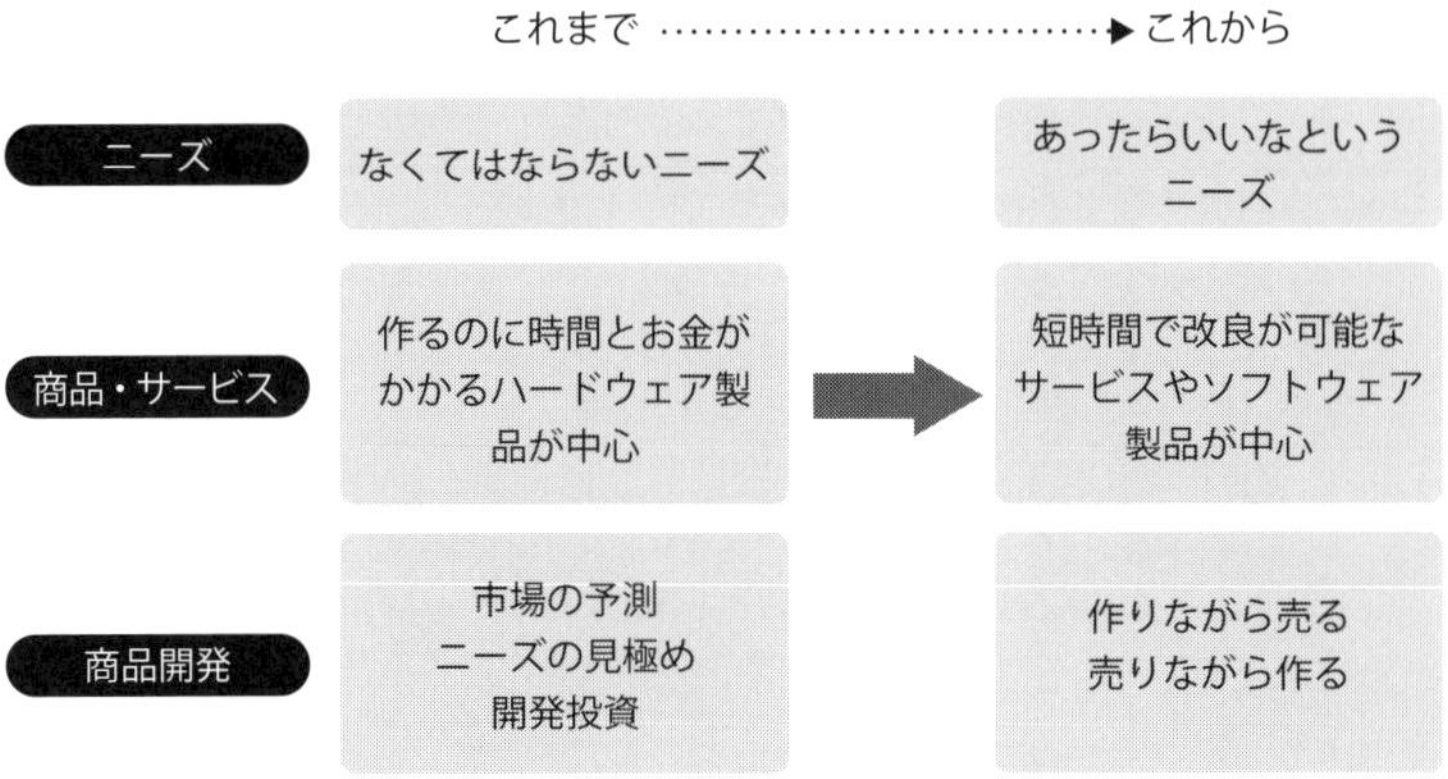

	これまで	→	これから
ニーズ	なくてはならないニーズ		あったらいいなというニーズ
商品・サービス	作るのに時間とお金がかかるハードウェア製品が中心	➡	短時間で改良が可能なサービスやソフトウェア製品が中心
商品開発	市場の予測 ニーズの見極め 開発投資		作りながら売る 売りながら作る

になっています。

❖ 気まぐれな「あったらいいなというニーズ」

「なくてはならないニーズ」が予測可能だったのに対し、「あったらいいなというニーズ」は非常に気まぐれです。なぜなら、消費者はどう時間とお金を使うかが、かなり気まぐれだからです。理屈でなく感情で動き、計画的でもないため、捉えることがほぼできません。予測することは極めて難しく、調査はほとんど当てになりません。

❖ B2Bにおけるニーズとは

ニーズは個人だけでなく企業間にもあります。B2Bの顧客である企業には常に生産性向上が求められ、それは「なくてはならないニーズ」として存在します。工場やサービス業では、単調な仕事は自動化機器（Factory Automation）やコンピューター（Office Automation）で自動化されます。これらのニーズは機械化、ＩＴ化の発展でどんどん満たされていきました。さらに今、音声認識、画像認識、データ解析などがＡＩを使ったロボティクスプロセスオートメーション（Robotics Process Automation）で置き換えられています。

一方で、Ｂ２Ｂは非常に限られた世界で、ニッチな開発が多いのも特徴です。また、それらの仕事は非常に多様化しています。したがって、生産性向上のために自動化が求められるものの、仕事が多様化しているために標準的な自動化を実現するのが難しい背景があり、その多様化されたニーズを解消する手段も様々あります。

多様化されているがゆえ、どの方法を用いるかは、担当者に依存している場合が多く見られます。一般に、Ｂ２Ｂは会社として合理的に判断していると思われがちですが、多様化・個別化されたニーズの解消をどうするかは極めて個別案件的であり、現場では意外と担当者の検討や判断が大きく影響を与えます。その意味では、Ｂ２Ｂのニーズは均一的な「なくてはならないニーズ」より、むしろ「あったらいいなというニーズ」に近いのです。これは、工場での自動化（ＦＡ）もオフィスの自動化（ＯＡ、ＲＰＡ）も同じです。

❖ B2Bも「あったらいいなというニーズ」を求める時代へ

ニーズについていろいろ述べてきましたが、総括すると、消費財であるB2Cも生産材であるB2Bも、新製品に関しては「なくてはならないニーズ」がほとんどなくなり、ともに「あったらいいなというニーズ」が大半になっています。したがって、この現代の「あったらいいなというニーズ」の世界に、「市場規模を定義し、将来ニーズを見極め、商品を開発する」手法が通じなくなってきていることは自然な流れです。

「なくてはならないニーズ」は目に見えてわかりやすいため、生産者は長い間「なくてはならないニーズ」を追い求めてきました。ここ数十年で消費財（B2C）市場を相手にしている企業はニーズの変化をかなり意識するようになりましたが、企業間取引であるB2Bを対象にしている企業は、その意識の変化が遅れていました。例えば、自動車部品や家電部品などの企業は常に「なくてはならないニーズ」を満たし、製品をより安くより品質の良いものにすることが使命であり、長きにわたって取り組んできました。したがって、世の中の消費者市場が大きく「あったらいいな」というように変化しても、企業の意識や業態はなかなか変化しなかったのです。

しかし、昨今、ニュースで話題になっているように、町工場が業態を変え急に成長する例も現れています。例えば、これまで下請けとして家電や自動車部品を作っていた企業が、芸術的な食器を作るなどのニュースです。自動車を製造するための部品の供給は「なくてはならないニーズ」に対応するものですが、職人さんのアイデアで創造し作り出すものはまさに「あったらいいなというニーズ」です。このようにＢ２Ｂで部品を作る産業ですら、変化は起こり始めています。

1-3 変化する時代の新商品・新事業創造は「やってみないとわからない」

❖ シリコンバレーで当たり前に行われているProduct-Market-Fitとは

この気まぐれな「あったらいいなというニーズ」の時代に合ったビジネスの手法として注目を浴びているのが、シリコンバレーを中心に広がったProduct-Market-Fitです。この手法は、シリコンバレーや日本のベンチャーにおける、インターネットを通じたサービスやソフトウェアの業界では、当たり前のように語られ使われているものです。

Product-Market-Fitの手法で代表的なものは、ソフトウェアの開発方法にβバージョンを用いる方法です。まず開発を短期間で行って、βバージョンを市場に出す。そのβバージョンの製品を顧客に使ってもらい、顧客のフィードバックから製品を素早く改良する。また、製品の改良でもニーズにマッチしない場合は、狙う市場を変える。このように、市場と商品の間を行ったり来たりしながら、商品（Product）と市場（Market）を擦り合せる（Fit）ように、事業を展開していく手法がProduct-Market-Fitです。またこの、素早く開発し、あるいは狙い先の市場を変える動きを英語ではAgile（アジャイル）と言い、アジャイル開発という言葉もよく使われています。

❖ 背景にあるのは「やってみないとわからない」という考え

Product-Market-Fitの奥には、自分たちが考案した商品が、「あったらいいなというニーズ」に合致しているかどうかは、「やってみないとわからない」という考え方があります。予測可能なニーズは既存の事業会社が満たすため、新たな事業を行うベンチャーにとって残されたニーズは予測不能なものが多くなります。日本でベンチャーと言えば、予測可能なニーズを革新的な技術で満たす企業という認識がありますが、米国では、予測不可能なニーズを、数多くのトライアンドエラーを行うことで事業機会に変えるのも、ベンチャーの捉え方です。お金のないスタートアップしたばかりのベンチャーが、予測不可能なニーズに挑戦するときの必然性から、Product-Market-Fitは生まれてきたのです。

❖ 成功の鍵は「何をするのか」でなく「誰がするのか」

このように「やってみないとわからない」という市場が新規分野の大半を占めるようになると、成功の条件も変化していきます。例えば起業をするときに、あるアイデアが面白いと思って起業しても、残念ながらそのアイデアが間違っていることは多くあります。そのとき、起業家が自分のアイデアが素晴らしいと強く感じていたり、自分の技術の力に固執していたりすると成功確率は下がります。逆に、起業家が間違っていることを認め、そこから学び、変化させていくことができれば次の成功確率は上がります。

一般的に良い起業家のイメージは、自信に満ちエネルギーに溢れ、どんどん前に進んでいるというものですが、そういう方は得てして自らの考えに固執しがちで、アイデアや事業内容を変化させることが難しい。逆に、変化に対応して謙虚に自分を変えていく力、すなわちProduct-Market-Fitができる起業家であれば、その企業は成功確率が高い。ベンチャーキャピタルなどの投資家は、よく「事業や技術でなく人を見ている」と言われますが、「やってみないとわからない」市場において成功確率を上げる場合、経営者の素養がとても大事な要素となるのは自明です。

❖ Product-Market-Fitは大企業でも可能か

シリコンバレーで当たり前のProduct-Market-Fitが普遍的な手法ならば、大企業が取り入れたらもっと大きなことができると考えるのは自然です。しかし、そこにはいくつもの壁があります。

まず、顧客の声を聞いてそれを商品に素早く反映させるためには、顧客の声を聞く人と商品に反映させる人が同一人物か、違う人の場合は、近くにいて常に話し合いながら意思決定をする必要があります。しかし、大企業になると、開発－営業と機能別に分かれていることが多く、本社の企画やマーケティング部門が現場から遠い場合も多くあります。それが第一の壁です。

さらに、ベンチャーはもともと既存の売上がなく、万が一品質などでマイナスの評判が立っても業績への影響はほとんどありません。逆に、ベンチャーが慎重に、世の中にあるものの延長線上で商品開発をしたとしても、新規性がなければ企業の認知度がほとんどないため誰にも相手にされません。すなわち、ベンチャーは不完全なβ版を出してうまくいかなくてもそれは問題ではなく、むしろ新しさを前面に早く出すことが生き残る条件になります。しかし、大企業が不完全で中途半端な製品を出し、その結果品質に大きなマイナスの評価が下されると、既存の事業に大きな影響を与えかねません。だから「やってみないとわからない」という手法は大企業は取りにくい、というのが第二の壁です。

❖ 大企業の事業ライフサイクルは長い

また、企業は大きくなるにつれて、その競争基盤を高めるためより競合他社に真似されにくい分野に投資します。テクノロジーが主体の企業であれば、より先端的な研究開発に投資し、優秀なエンジニアを確保して、他社が真似できないレベルの開発を実現しようとするでしょう。

物流が重要な宅配便企業であれば、倉庫の建設に大規模投資をして、物流での優位性を確保するでしょう。こうして、これら真似されにくいものは、結果として更新期間が長くなり、長い事業ライフサイクルの要因になります。

ソフトウェアの会社が優秀なエンジニアを採用し、研究開発に投資してきた場合、突然ソフトウェアからハードウェアに事業を変化させることは非常に困難です。結果、大きな投資は、すなわち長いライフサイクルの商品・事業に限られてきます。そして長いライフサイクルの事業を持つと、市場の変化に合わせて素早く体制を変えることができなくなります。このの、ライフサイクルの長さゆえに素早く変化させられないことが、大企業がProduct-Market-Fitを実現できない第三の壁です。

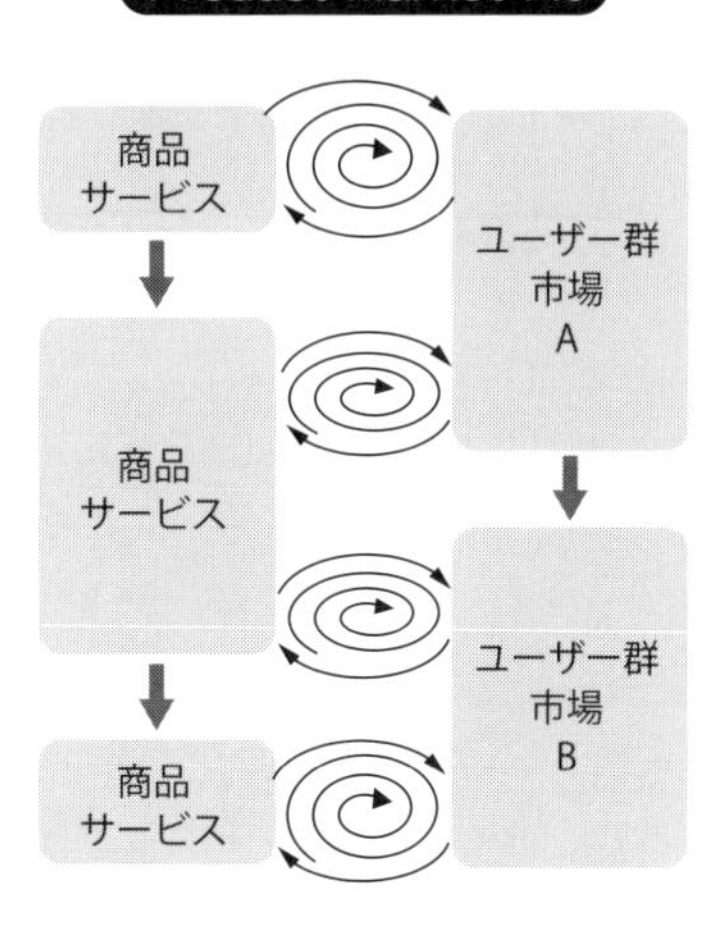

長い事業ライフサイクルを持つ結果、大企業は、新商品・新事業を考える際に、どうしても長期的に正しい予測を行うべきとの考えに至ります。しかし、変化する時代に予測を行うことは難しい。これが、大企業が新商品・新規事業で突破口を開きにくい根本的な背景になります。

❖顧客との共同開発にはリスクがある

市場予測が難しい中、リスクを避けるために新商品・新規事業開発において、大手企業が取る手法の一つに顧客と共同開発をする方法があります。特に部品メーカーの多くはこの手法を好むでしょう。しかしこの方法にも弱点があります。それは、共同開発を行う顧客の状況次第で自社の製品の売上が決まることです。

例えば、携帯電話の部品を作る会社は、２０００年代半ばにＡｐｐｌｅと組めば売上は上がったでしょうが、Ｎｏｋｉａと組んでいれば全く売れなかったでしょう。顧客との共同開発の弱点は、自社の運命が組む相手で決まってしまうことです。また共同開発をする見返りに、契約で他の潜在顧客に売れなくなる縛りをかけられるデメリットもあります。そうなると、Market（市場）ではなく一つの顧客とFitしただけになります。

また、顧客であり、共同開発者でもある会社が業界のリーディングカンパニーであることは望ましいことですが、その一方でリーディングカンパニーであるがゆえに最先端の性能を求めすぎ、レベルの高い開発を要求しがちです。その結果、リーディングカンパニーには需要はあるものの、その他の潜在顧客には高すぎる性能要求だったということが起こります。このような開発が続くと、性能はどんどん上がるもののコストも価格も上がり、ある日安価な技術で参入した新興企業に、既存の顧客が奪われてしまいます。いわゆるイノベーションのジレンマと呼ばれる現象です。

こうなると、良い製品を作ってきたにもかかわらず、ほとんどの市場を失うことも起こり得ます。これは、この20年に、いくつかの分野で日本企業が経験してきた現象です。このように考えると、ある一定規模以上の企業にとって、新商品・新規事業は本当に難しい時代に入ってきたと言えます。

Column 1

利益は最適化から生まれる

本書は、高収益を上げる仕組みについて中心に述べていますが、高収益、すなわち利益は何であるかを語られることは意外と少ないのではないでしょうか。ここでは改めて、そもそも利益はどのように生まれるかを少し理論的に述べたいと思います。

利益は売上からコストを引いて算出されます。ここではある一定期間の売上とコストを例に取り、利益がどういうメカニズムで決まっているのかを述べます。この一定期間とは、ある商品が開発され、売り始めてから売り終わるまでの期間を指します。すなわち製品ライフタイムです。例えばｉＰｈｏｎｅであれば、一世代で３－４年になります。

まず、売上は価格（単価）×売上数量です。価格と売上数量には相関関係があります。さらに価格は製品の性能・機能・品質によっても変化します。性能が高ければ高い価格がつきますし、性能が低いと低くなります。また売上数量も性能・機能・品質によって変化します。性能が高ければ数量も増え、低ければ減ります。これらの相関関係は、決して線形（直線比例関係）ではありません。図に記載するように結構複雑な曲線になります。どれだけ価格が高くても欲しい人は一定数いるので、性能が上がっても価格は上がりますが、数量が減ることはよくあります。

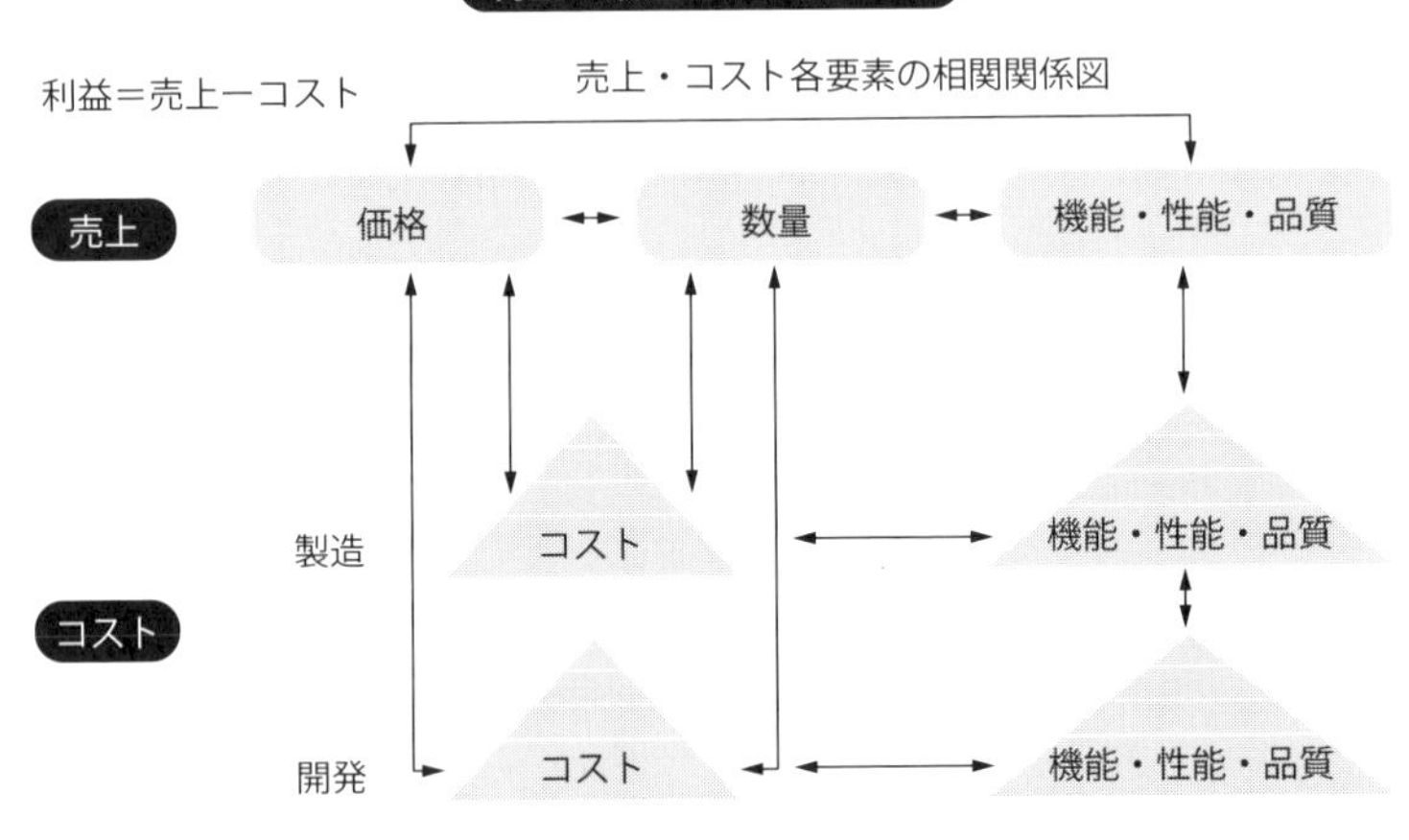

また、製品コストは製造と開発コストに分かれます。ここにも多くの相関関係があります。製造も開発もコストをかければ性能・機能・品質の良いものができますが、ある程度で限界が出て、コストをかけても性能は向上しなくなります。製造のコストが上がっても、しばらくは価格に反映できますが、一定以上には反映できません。また、数量が増えると量産効果でコストは大きく下がりますが、その効果にも限界があります。開発コストそのものは、売上数量には直接反映されません。それは、性能・機能・品質の向上を通して初めて反映されます。したがって、開発コストが最終製品の性能の向上につながらない場合は、開発コスト

利益を決める要素間の関係はほとんどが非線形（例）

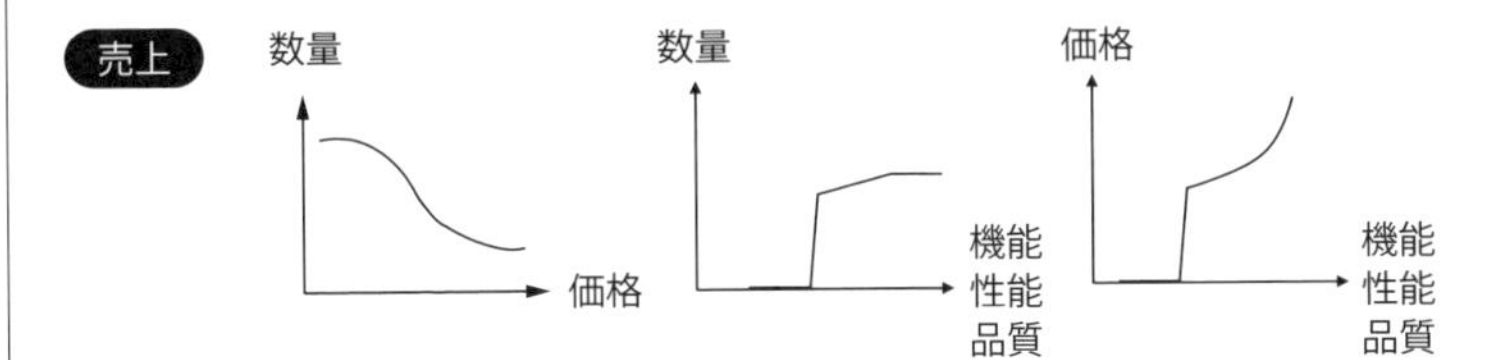

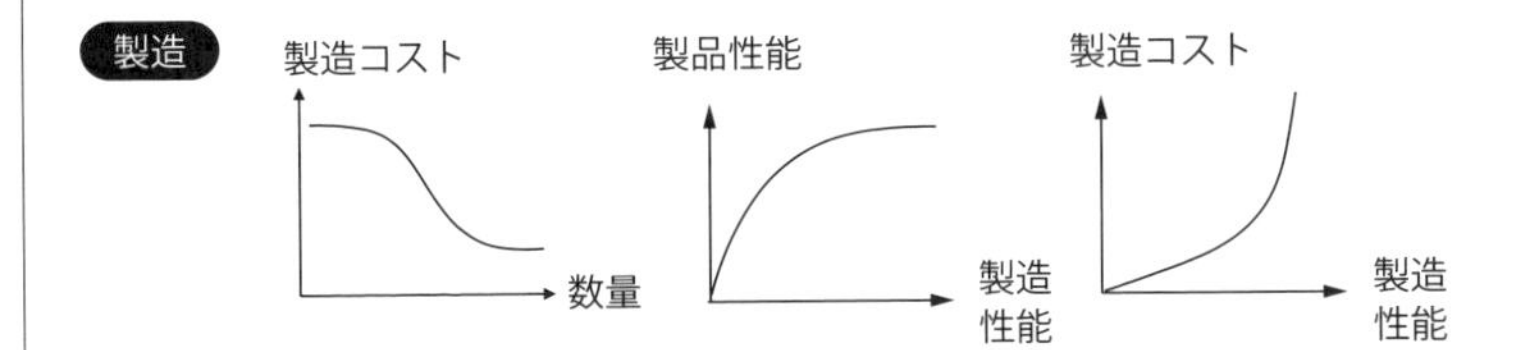

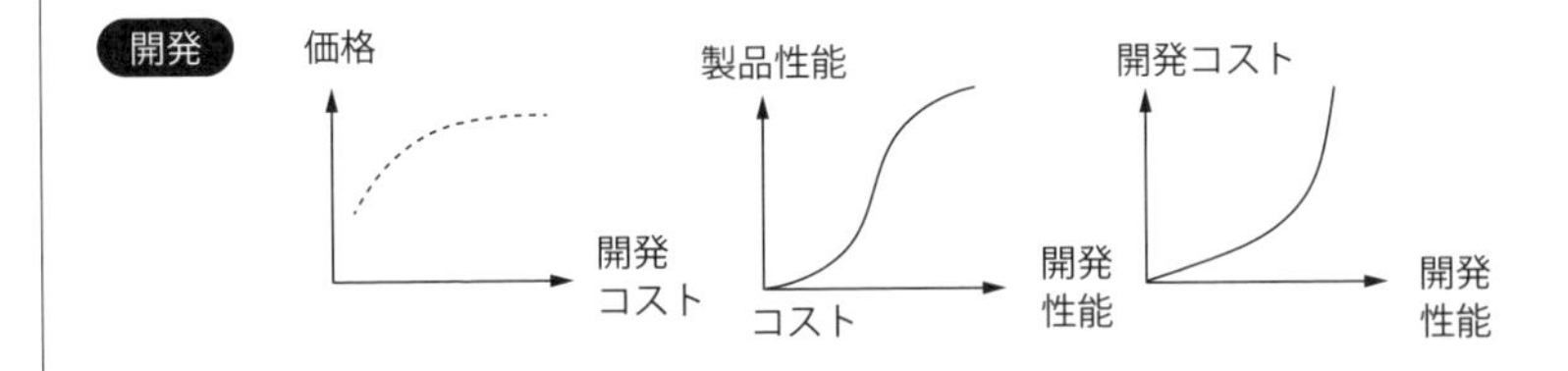

※製造と開発のチャートにおいて、性能・品質・機能を、「性能」と一言に省略して記載。

は売上には結びつきません。

このように、事業の決定要素の間には非常に複雑な相関関係があり、こちらを立てればあちらが立たずという、トレードオフになっています。したがって、利益を最大化する方法は、理論的にはこの「こちらを立てればあちらが立たず」という複雑な相関関係の中で、最適な点を探し出すことです。多くの著名な経営者が「値決めが経営の根幹」と述べていますが、まさに前ページの図における複雑な非線形の組合せの中で、非線形を理解しつつ、最適解を探すことが経営の根幹という意味だと思います。値決めをすれば、他の要素の目標値が次々と定められていくことになります。

さらに、現実のビジネスにおいては、ここにタイミングという要素が付加されます。今年なら売れるが来年は売れない、そのために開発・製造を短期間で行わないといけないがコストがかかる、ということがスマホやアパレルなどの世界では頻繁に繰り広げられています。


しかし不思議なことに、多くの企業において、この値決めについて語られることはあまりありません。また、この最適化理論について論じられることも少ないです。

それは、一つには「なくてはならないニーズ」を満たすために製品を作っていた時代には、製品をある一定の価格以下で作れば売れるため、まず販売価格の上限が決まり、次に数量が固定化され、そして製造コスト、開発コストが決まるという流れでこの最適化がなされていたからであり、また一つには、この時代は同時に大量生産の時代でもあり、量産をすることで品質も上がると同時にコストが下がるという必勝方程式が成り立っていたため、難しい最適化について考える必要がなかったからでしょう。

しかし、「あったらいいなというニーズ」の時代においては、右記のような方法だと「開発・製造したが、そのコストをカバーする価格では売れない」ということが当たり前に起こります。その結果、どういう性能・機能・品質でいくらの価格だったら売れるかを、開発する前に見極めることが必須となってきます。スティーブ・ジョブズはデザインの要求と品質保証の要求との中で、しばしばデザインを優先する判断をしていますが、これもデザインと価格×数量＝売上およびデザインと開発・製造コストの相関関係を深く理解し、その上で最適化を図ったという見方ができます。

このように利益を上げるには最適化が必須にもかかわらず、多くの企業は「なくてはならないニーズ」に対して大量生産をしていた時代に、営業・製造・開発の部署がおのおので最高を求める傾向が強くなっていき、最適化ではなく最高化・最大化を求めるようになりました。例えば品質をさらに上げて最高レベルにすることが製造の至上命題になっていたり、売上を最大にすることが営業の至上命題になっていたりというように、個別部署での至上命題の最高化・最大化が中心となり、企業の事業活動を全体として最適化するという考えそのものが少なくなっていきました。

しかし、これから主流になる「あったらいいなというニーズ」の時代においては、事業全体を見て最適化を図ることは必須です。そのためには、市場を理解している営業やマーケティングの人員と技術を理解している開発・製造の人員の間で、行ったり来たりのコミュニケーションをすることがとても大事になってきます。これはまさに、Product-Market-Fitの発想です。この発想は、大企業において実現は難しいものの、取り入れていかざるを得ない考えになっていくでしょう。

1-4 追うべきはMarket（市場）という概念ではなく、Customers（個々の顧客）という実態

❖ 市場は「なくてはならないニーズ」で成り立っていた

「なくてはならないニーズ」はシンプルです。例えば自動車の場合、20世紀初頭にもともと

と高級娯楽品だった自動車を、フォードが大量生産をすることで価格を劇的に安くした結果、自動車は移動手段として「なくてはならないニーズ」に変わりました。そのニーズは、「一定の安全性と機能を満たす自動車を一定以下のコストで作る」というシンプルなコストパフォーマンスで表されるニーズです。そのコストパフォーマンスさえ達成できれば売れるからです。

洗濯機やクーラー、スーパーマーケットなどの商品やサービスが、海外にあって日本になかった時代には、このコストパフォーマンスで表される「なくてはならないニーズ」がほとんどでした。この思考の延長線上でニーズを捉えると、日本でクーラーの市場が飽和したとき、次は中国だ東南アジアだと考え、多くの製造業が当時の発展途上国へ進出していったのは自然な現象です。「なくてはならないニーズ」はシンプルでわかりやすいため、迷いは少なく、その結果、大企業であっても全社的なコンセンサスが取りやすかったのです。

❖ 気まぐれな「あったらいいなというニーズ」

一方、「あったらいいなというニーズ」は気まぐれです。全く流行らなかったレストランがテレビに取り上げられ、突然ブームになることはよくありますし、最近はＳＮＳで「バズる」こともしばしばです。このように、「あったらいいなというニーズ」は極めて気まぐれ

なくてはならないニーズは人々の認知が決める

車がなくてはならなかったニーズの時代 (※)

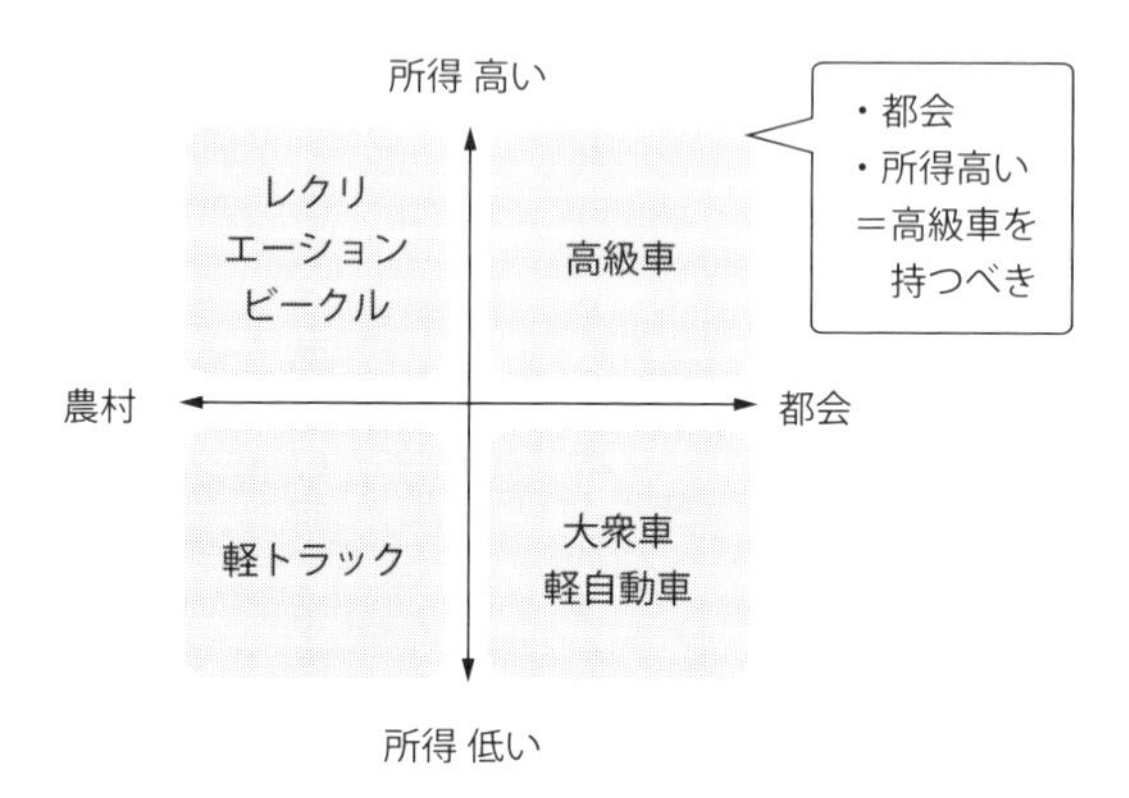

車があったらいいなのニーズの時代

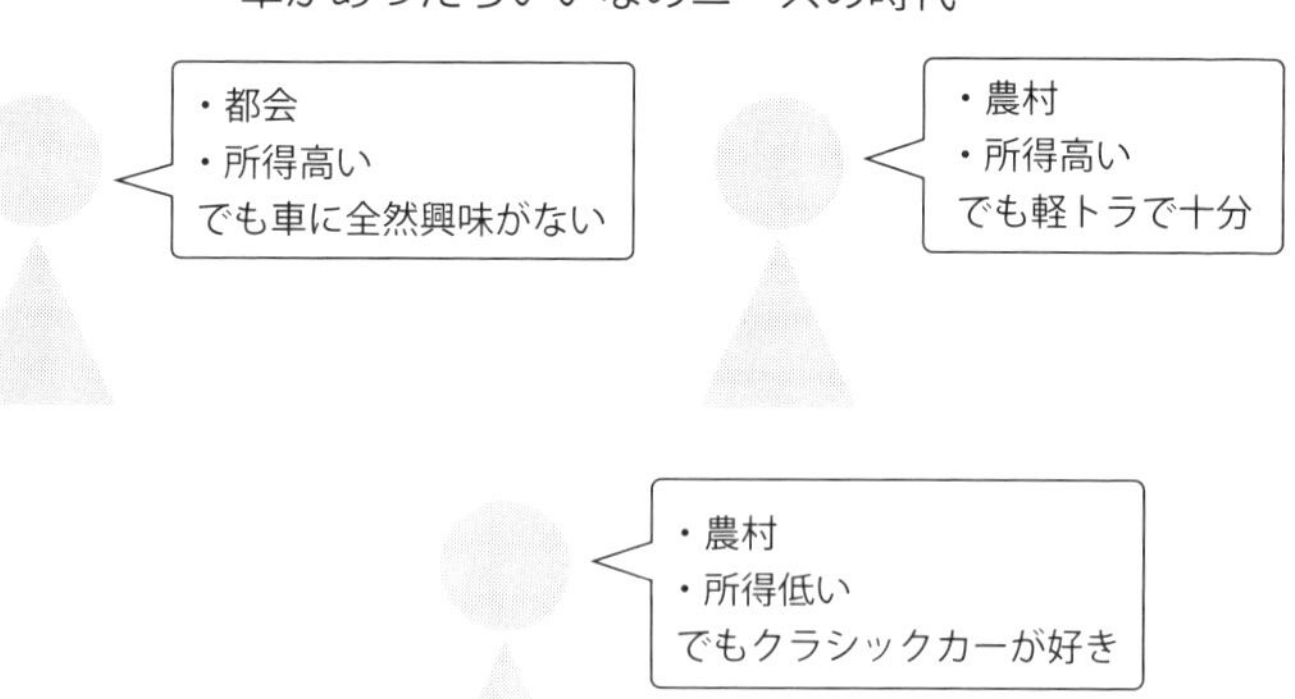

(※) なくてはならないという社会的共有認識の中での、「なくてはならないニーズ」

になっています。

ニーズが移ろいやすく、すぐに変化する時代にあって、Market（市場）という概念はわかりにくくなってきています。Market（市場）のそもそもの意味は、売手と買手が商売をする場を表しますが、それが経営の現場であるマーケティングや事業・商品企画などで用いられる場合は、複雑な売手と買手の状況をある軸で切り出してシンプルに見た姿を表します。

例えば、自動車市場というものを生産者側から見た場合、その軸は、自動車というモノです。しかし見方を変えて、自動車が満たしているニーズは何かと消費者側から考えると、移動手段ということになり、この見方での名称は「移動手段の市場」となります。

同様の見方は、携帯端末市場でも起こりました。携帯電話とスマホが一緒になったときユーザー視点の「携帯通信端末市場」という呼称になりましたが、その後スマホが主流になると、再び生産者視点のスマホ市場といった、供給者側のモノの呼び名になっています。

また旅行市場も、旅行という切り口から人々が旅行に何を求めるかという軸で見ると、見方が変わります。例えばユーザーが旅行に癒しを求める場合、「癒し」市場という見方ができます。その場合、競合はマッサージなどの「リラクゼーション系サービス」になります。

あるいは、旅行に求めるものが「友人との交流」であれば、「パーティ」が競合の一つになるでしょう。

このように、一口に市場と言っても供給者側、消費者側双方の軸や見方で、同じものもいろいろな姿に見えてきます。これほどにまで、市場という言葉はあいまいなのです。

❖ 市場予測が見合わない時代

消費財（B2C）の世界では、「あったらいいなというニーズ」が主流になり、個々の消費者が気まぐれに商品を買う時代になって久しく、すでに単一の市場という概念はほとんど存在していません。ウェブ広告はその状況を反映し、属性で顧客を分類せず、一人ひとりの履歴から広告をダイレクトに選ぶアルゴリズムが入っています。それは、例えば自動車のニーズの場合、仮に属性で分類しようとすると、年齢、性別、家族構成、職業、生活スタイルはもちろん、さらにその人が何を大事にするかといった項目、例えば家族や仕事、快適さ、見た目、機能、エキサイティングな経験、ゆったりとした時間など、とても多くの項目が必要で、分類そのものが意味を持ちません。

こうした時代に、市場を定義することにはかなり無理があります。もちろん、自動車は巨大市場ですし、巨大投資が必要な市場ですから、少しでも売上や利益を上げるため、多くのお金をかけてニーズを分析し予測しているはずです。しかし、ほとんどの事業規模は自動車のように大きくはなく、市場予測に労力をかけてもそれに見合う効果は出なくなってきました。

❖ なぜ市場という概念がいまだに根強く残っているのか

市場はもともとあいまいな概念であり、さらに「あったらいいなというニーズ」が主流の時代には市場予測は見合わないのにもかかわらず、なぜ市場という概念は今もビジネスの日常に根強く残っているのでしょうか。

それは、市場を理解して新しい事業を起こすためというよりも、むしろ事業戦略をトップに伝えて意思決定を行うため、商品を開発して販売ルートを最適にするため、投資家に説明するためなどに必要な概念だからです。これらの仕事に携わる方たちは企業活動の中核を担っているものの、顧客と直接接してはいません。そうした方たちに（実際は変化が激しくとらえどころのない）顧客の総体を明確に伝えるには、市場は非常にわかりやすい概念です。

市場は個々の顧客の集まりにすぎませんが、それをそのまま「顧客のニーズはいろいろです」と伝えると、何も伝わりません。でも市場という概念を使えば、経営トップの意思決定、開発、販売、ＩＲのそれぞれの目的に合わせた視点で分類＝セグメント化し、個々の顧客をあたかも一人や一社の顧客のように扱うことができ、わかりやすく説明することが可能になります。

セグメント化された市場はわかりやすく、それと整合性のある事業・開発・販売はロジックが整っていて美しく見えます。逆にセグメント化しないと情報は混沌とし、経営者や開発、販売戦略、また投資家への説明ができません。すると事業戦略の意思決定ができず、経営者や投資家も投資判断が難しくなります。そのため、市場は今の事業活動には必須の概念となっています。

❖ 事業の収益にとって市場のセグメント化はむしろマイナス

ビジネスマンがMBAを学んで現場に戻ったとき、戦略を考える立場で新しい会社に入ったとき、まず最初にやることは市場をセグメント化することでしょう。私も前職のTHKに入社した際、最初に行ったのが市場のセグメント化でした。しかし、まえがきにも書いたように、顧客と直接接点を持っている人たちにとっては「ふーん」という感じでしかありません。そしてある日、THKの創業（1971年）当時から勤務し、今は亡き創業者の側にずっといらした方から、創業者は「すべての顧客に個別に対応する」と仰っていたとの話を聞いたとき、自分の市場をセグメント化する考えは、根本的に間違っていることに気づかされました。

本当に収益を上げるために何をするかを考えた場合、市場というものがあると信じて顧客をセグメントに分けると、本来あるはずのニーズが見えなくなります。単純な例で言えば、「顧客を男女にセグメント化し、男性には青系統、女性には赤系統の服が売れる」と予測したら、男性だが赤系統が好きな人を見失ってしまいます。これは極端な例ですが、セグメントに分けると多かれ少なかれ同じことが起こっているのです。

またサービス業において、市場をセグメント化し、その中の顧客はみんな同じニーズを持っていると考えると、従業員が同じ接客をするようにサービスを標準化するでしょう。このサービスの標準化は、一定レベルを保証するという意味では有用です。しかし、誰もそれ以上のサービスを行わなかったら、個々のユーザーの違いに応じることはできず、満足を十分に得ることはできないでしょう。サービス産業以上に提供する価値を標準化しているのが、量産された製品であり製造業です。こうして市場をセグメント化し、標準化・量産化されたサービスや製品を提案することによって、個々の顧客が持つ多様なニーズの多くが失われているのではないでしょうか。

❖ データ技術の発展により市場（Market）から個客（Customers）への変化が加速する

「あったらいいなというニーズ」の時代に、市場をひとくくりにして捉えたり、あるいはセグメントに分けて切ったりすれば、多様化する顧客の姿を見失うことになります。一方で、ＳＦＡ／ＣＲＭなどのＩＴ技術やインターネットが発展するにつれ、個々の顧客をそのままデータで捉えることが可能になってきました。このビッグデータ化により、顧客を括らず一人ひとり、あるいは一社一社で捉えてサービスの提供を考えることができるようになってきています。技術の面からも、これまで主流だった市場（Market）という考えから、個客（Customers）の概念（57ページ以降で詳述します）へと変化が加速されています。

〈前編：事業編〉

第２章　個客の時代に必要な Product-Customers-Fit

2-1 Product-Customers-Fit とは

❖ 中堅規模以上の企業に必要なProduct-Customers-Fit

第１章では、社会の変化にともなって、シンプルでわかりやすい「なくてはならないニーズ」から、気まぐれで変化しやすい「あったらいいなというニーズ」へと根本的に変化し、その結果、市場をセグメントに分類して伝える従来の方法では、個々の顧客のニーズがつかみきれなくなってきた、すなわち従来の「市場を規模で定義し、ニーズを見極め、商品を開発する」手法が限界を迎えていることをお伝えしてきました。

また、シリコンバレーで行われているProduct-Market-Fitは、これらの課題を解消する方法ですが、Market（市場）を決めていくという考え自体は持っていること、また、組織が小さく販売と開発が一体化しているときに効果がある手法で、中堅・大企業の規模では難しいことも伝えてきました。さらに、Product-Market-Fitはサービスやソフトウェアに適合しやすい方法ですが、製造業・モノづくりには合わないやり方でもあります。

こうした現状を踏まえ、この個々の顧客の気まぐれなニーズや変化するニーズに合わせつつ、同時に開発の方向性を決めていく、しかもベンチャーだけでなく大企業にも通用する手法を本書において提案し、Product-Customers-Fitと名づけます。

❖ Product-Customers-Fitという新たな手法

Product-Customers-Fitを簡単に伝えると、

①個々の顧客の「あったらいいなというニーズ」に対応する

②個々の顧客のニーズに対応する中で、それらのニーズを集めたときに見える変化に気づく

③ニーズの変化を集めて積み上げることで、新商品の開発の方向性を決める
④個々のニーズと、自社が持つリソース（経営資源）とを合わせて考える中で、最大公約数として開発する商品を決める

という手法です。

❖実はProduct-Customers-Fitは当たり前に行われている

正直なところ、Product-Custers-Fitという方法は、うまくいっている事業の中では当たり前に行われていることです。

例えば、旅館の例で言うと、接客スタッフ一人ひとりが、すべてのお客様一人ひとりに対してベストな対応をすることで、お客様の「あったらいいなというニーズ」に個別に対応しています。さらに、スタッフみんなが集まって、それぞれが顧客に対応した中で、スタッフだけでは対応しきれなかったニーズを出し合い、話し合い、「それならばこうしたらよいのでは？」というアイデアに気づき、それを全員の行うサービスに盛り込む、その結果旅館全体としてのサービスの質が向上します。例えば、料理のニーズの変化は接客スタッフでは対応しきれないため新しい料理長を採用し、新しい食材の調達先が必要になります。これらを、それを旅館のオーナーだけで考えるのではなく、スタッフがいろいろなサービスを一人

旅館におけるニーズの階層

従来のサービス	スタッフ自らで対応	設備導入が必要
	海の幸が食べたい / 駅から道がわかりにくい	
日本人のサービス	外国語道案内	外国語道案内
普通の日本料理	一部 高級和食 外注	一部 高級和食 外注
和室	和室	一部 和室にベッド
歴史ある建屋	歴史ある建屋	歴史ある建屋
妥当な価格	一部特別価格	一部特別価格

ひとりのお客様に精一杯行うことを通して、出てきたニーズを話し合って決めれば、確かにそうなのだと納得して変えることができます。また、内装の雰囲気を変えた方がいいというアイデアにたどり着いた場合、これはお金がかかるからすぐに決めず、みんなでもう一度一人ひとりのお客様の様子を見て、また話し合おうとし、さらに声を集めて検討し決断します。そうすれば、より確かな投資ができます。

　ここで述べたようなことは、経営がうまくいっている旅館であれば、当たり前に行われていることです。個々のお客様の要望に合わせ、対応できるところは対応し、お客様の変化に合わせ変えられるところは変える。そしてそれでもお客様の満足を得られていないと感じたときには少しお金と時間がかかるところを変える。このように顧客のニーズと自社の経営資源を見比べ、最適な投資判断を行っていく。これはある意味、経営するに際して当たり前の手法です。繰り返しになりますが、この当たり前の手法を、本書では、製品と個々の顧客（以下では「個客」と表現します）を結びつける概念として、Product（製品）とCustomers（複数の個客）とをFit（合わせる）させるという意味で、Prouduct-Customers-Fitと呼びます。そしてそのProuduct-Customers-Fitが様々な事業においてどのように有効か、それを成り立たせる条件や、逆に、阻害する要素は何かを述べていきます。

❖ Product-Customers-Fitを成り立たせる大事な3点

繰り返しになりますが、このProduct-Customers-Fitという概念は、事業を行うに当たっては当然のことです。経営がうまくいっている個人オーナーの店舗などは、そのオーナーの素晴らしいセンスとリーダーシップで同じことを当たり前にやっているでしょう。ただ、私たちが提唱しようと考えているProduct-Customers-fitの概念と手法は、オーナーのセンスに頼ることなく、かつどの分野にも、また大企業にも通じることを目指しています。

そのモデル化を行うために大事な点は3つあります。

1つ目は、個々の顧客の違いに対応し、それら個客の変化へのアンテナを張ることです。個々の顧客によってニーズは異なるものの、全体として何か変わってきているな、という肌感覚は誰にもあるものです。その肌感覚をスタッフみんなで共有し、本当に何かが変化しているのかを実際に個々の顧客に尋ねることで確認し、またその背景にあるものを考えていく、この変化へのアンテナを組織全体で構築することです。

2つ目は、標準化です。個々の顧客に対応する方法は、最初は個々のスタッフが行うのですが、いったん組織で共有されたら、それをできるだけ標準化した方法で行うようにします。旅館の例で言えば、外国人に観光スポットを案内するチラシを手作りし、喜んでもらったら、次にそれを標準化して全スタッフがチラシを使えるようにする。そうすることで、そのサービスは個別対応から標準化になり、コストが下がるとともに、スタッフはそれ以外の個々の顧客の違いに目を向けることができるようになります。

3つ目は、事業のコア（核）と基盤を作ることです。一人ひとりのお客様の声を集め、標準化を繰り返す中で、最終的にその活動の結晶を自社のコア（核）・基盤に浸透させていきます。旅館の例の場合、海の幸が豊富にとれる場所に立地しているのであれば、外国人が増えた際にただ中華料理を増やすことでなく、いかに地元の海の幸を生かした料理にするかという工夫を一つひとつ繰り返し行うことで、地元の海の幸の価値を少しずつ確実に上げることができます。そして、それがそのまま旅館が持つ立地の価値を上げ、長期の競争力につながる基盤となります。

2-2 商品はそもそも多層化されている

❖ 商品とは価値提供におけるプロセス全体のこと

Product-Customers-Fitの方法を成功させるためには、これまでお話ししたニーズや市場に対する見方を変えた上で、商品の見方・捉え方を大きく変える必要があります。私たちは、商品と言えば明確に目に見えるモノとして捉える習慣がついています。しかし私たちが商品にお金を払う場合、実際にはモノとしての商品、それを運ぶ流通、販売するサービスすべての価値に対してお金を払っています。したがって、商品の価値は、モノ、流通、サービスがセットで担っています。

しかし、私たちは無意識のうちに、商品、流通、サービスと分けて見る習慣がついています。例えば本の場合、本という商品があり、その本を流通させる書店やＥＣサイトという販売があり、その本の中身であるコンテンツが存在する、というように分けて見ます。しかし、本をユーザーである読者の視点から見ると、お金を支払っている価値は、本というモノではなくそれがもたらす情報であり、そしてそれを「効果的に提供する一連のプロセス」です。

そう考えると、例えば、欲しい本の情報をもたらす検索サービスなども一定の価値があると考えられます。アマゾンで本の検索をして最適な本を探すこともあれば、ブログなどから本の推薦を受けてその存在に気づくこともあるでしょう。場合によっては、専門の相談サービスに問い合わせて最適な本を選ぶこともあるでしょう。一つの商品を選ぶ時間が限られる中、最も優れた情報源を選ぶ過程はすごく価値がある提供物です。したがってアマゾンで本を買うという価値は、数ある中から必要な本を見つけて購入し、家まで配送してもらい中身の情報に触れ、欲しい情報を獲得するという「一連のプロセスの価値」になります。

❖ 多層化された商品とは

このように、「商品」という概念を「本」というモノでなく、ユーザーから見た「提供価値は何か?」「その価値を提供するプロセスは何か?」という視点で捉え直します。「商品」を「価値をもたらす一連のプロセス」と捉えたとき、私たちが目にするほとんどの商品（一

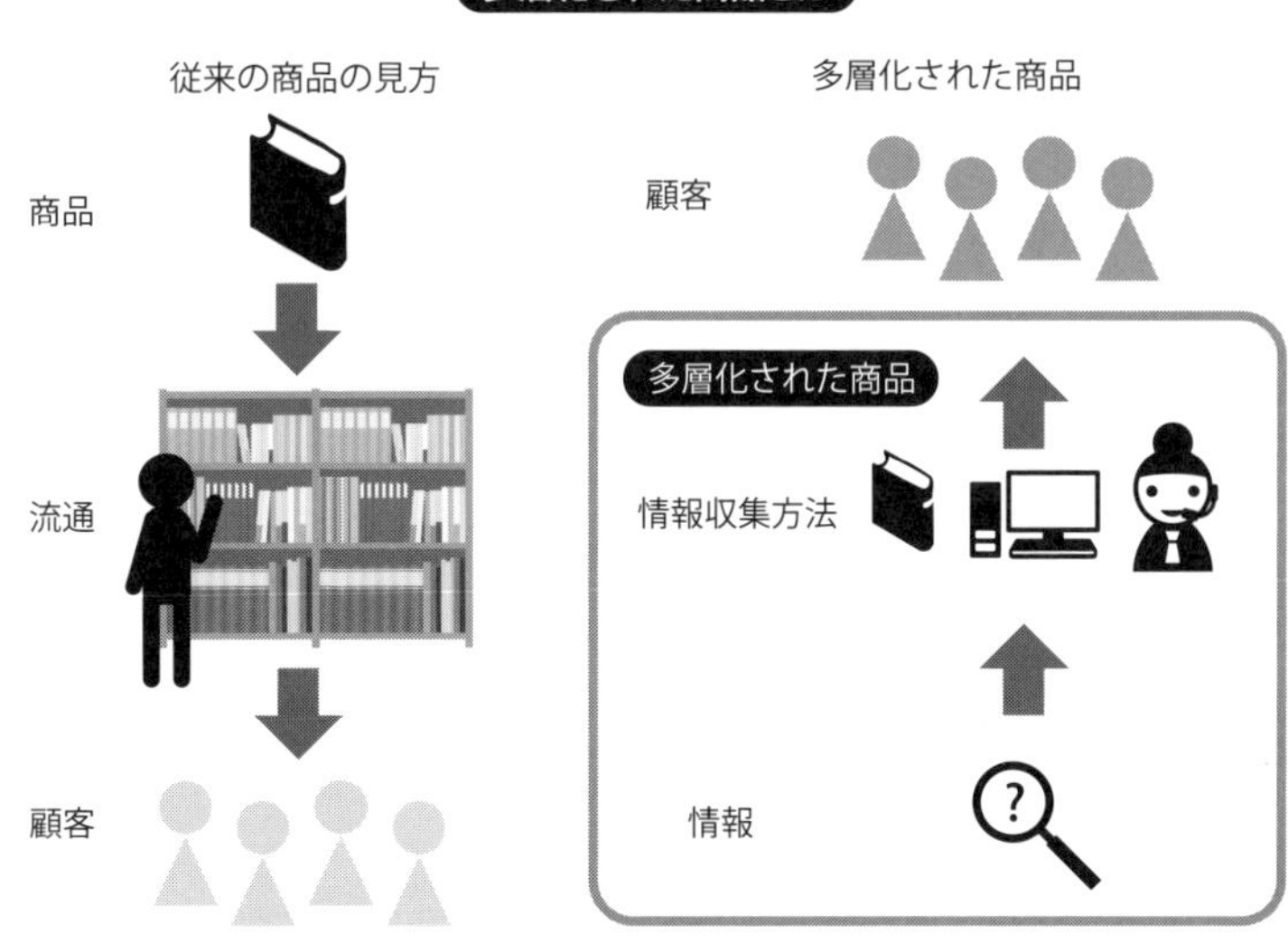

般に言われる意味の商品）は、提供価値のプロセス全体で見れば、モノだけでなく、モノとサービス、あるいはそれを支える仕組みやシステムがいくつも重なり合っていることが見えてきます。この一連のプロセスの中でモノやサービス、仕組みやシステムが重なり合ってできた商品を、本書では「多層化された商品」と表現します。

❖多層化された商品の層はライフサイクルの長さで決める

多層化された商品の構成要素は複雑です。多層化されたモノやサービス、仕組みやシステムをどのように層に分けるのか、その方法はいくつもあります。例えばハードウェアとソフトウェアに、モノとサービスに分類するなどです。本書では、Product-Customers-Fitの手法を実現するために、その多層化された商品の層を、ライフサイクルの長さで分類します。また本書では、ライフサイクルの短い順に、最上層、中間層、最下層と名付けます。

例えば、55ページで述べた旅館の例で言えば、個々の接客スタッフが行うサービスはすぐに変えられるため、ライフサイクルが短い層、すなわち最上層に属する提供価値です。一方、料理は変化させるのに少し時間とお金がかかる、中間層に属する提供価値になります。さらに、建物の設備や施設を変える場合は、さらに時間とお金がかかるため、最下層の提供価値となります。

本の例で言えば、書店でのキャンペーンや広告など、欲しい本の情報を提供するサービスは最上層になります。そして、本の中身であるコンテンツはその下の中間層になり、紙媒体というモノはさらに下の最下層の要素になります。また、同じ読み物でも電子書籍やウェブ上の記事の場合、この層のあり方も変わり、最上層が変化が多いコンテンツで、中間層がウェブの使い勝手、最下層が読者を獲得する基盤である知名度になります。スマホはiPhoneが発売された時点で、すでにこの商品の多層化が見事に設計されていた例です。最上層はアプリ、中間層はスマホのデザインや使いやすさのユーザーインターフェイス、最下層

多層化された商品の例①

	旅館	専門的な情報
最上層	接客サービス 案内など	情報アクセス方法 書店、Web、広告
中間層	料理 内装など	媒体 本、web、セミナー コンテンツ
最下層	建屋 立地など	著者のブランドなど

	スマホ	プロダクトライフサイクル
最上層	アプリ	短い 速い変化が可能
中間層	デザイン ユーザーインターフェイス	やや短い ある程度の速さの変化が可能
最下層	基本機能 速度・タッチパネルの質など	長い 変化に時間がかかる

は機能・性能を含むハードウェアです。

❖ 多層化された商品は個客接点から生まれる

「あったらいいなというニーズ」の価値は、個客との接点にあります。したがって多層化された商品の設計は、その個客接点における価値から展開していきます。一方、従来の商品企画は、商品そのものに価値があると考えます。例えば旅館の場合、その立地や建屋に価値があるとする考え方です。しかし、本書では、日々発生する価値は、個客がその旅館で過ごす時間として捉えます。旅館に来る前と後でその個客に何が残ったか、その変化の価値がそのまま旅館がもたらした価値です。そして立地や建屋は、この価値を支える要素として捉えます。

この考え方は、特定のサービスでは自然に受け入れられています。飛行機や電車の移動は、まさにその移動に対しての価値に料金を払っています。私たちは、その移動を支えるシステムや電車などの箱には直接の価値を感じてはいません。レストランの場合は、高級レストランは食べ物そのものより、そこで過ごす時間に価値を感じ、ファーストフードは短時間で食べられる便利さに価値を感じています。

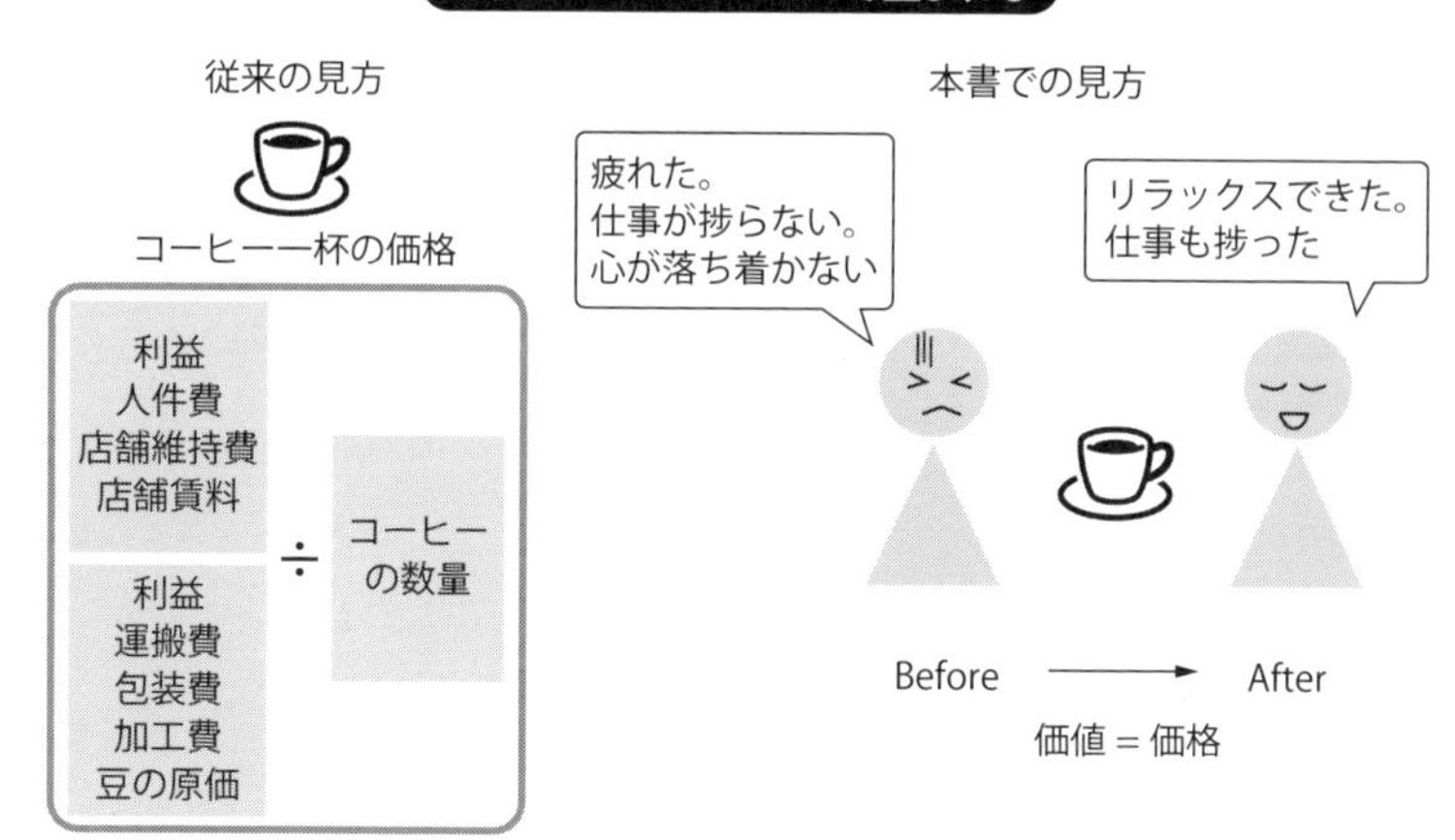

❖ なぜモノそのものに価値があると感じるのか

一方で、一般的には、まだモノやサービスそのものに価値があるように価格を捉える感覚が残っています。パソコンはいくらだ、コーヒーはいくらだ、というようにです。この現象は、「なくてはならないニーズ」に対して製品やサービスを提供することが事業だと考えていた時代の名残だと思います。

しかし、モノの本来の価値は、ユーザーがその商品を用いたときにもたらされる変化です。ＭａｃＢｏｏｋの価値は低価格パソコンの何倍もするし、美味しいコーヒーは普通のコーヒーの数倍はします。これらの価格は以下の価値を反映しています。それは、ＭａｃＢｏｏｋを毎日使うときに感じる使い心地やコーヒーのその

1杯の美味しさです。この当たり前のことが新しい商品を作り、価格を決める際には忘れられがちです。それは、「なくてはならないニーズ」がわかりやすい結果、新商品の企画が競合品や類似品を見て考えたりする習慣ができてしまっているからでしょう。だから、この当たり前のBefore/Afterの差が価値＝価格をしっかり意識し、個客のBefore/Afterの変化をよく考えることが、価値のある新商品のアイデアの出発点になります。

❖多層化された商品は層を繋ぐように変化する

57ページでProduct-Customers-Fitを成りたたせるための大事な点を3つお伝えしました。1つ目は変化へのアンテナ、2つ目は標準化、3つ目は事業の〈核〉と基盤を作ることです。これらは多層化された商品をしっかりと設計することで意識的、継続的に構築することが可能になります。

繰り返しになりますが、旅館の例で言えば、個客と接するスタッフが「あったらいいな」というニーズに対応します。これが商品の最上層部です。それでは対応しきれないニーズを、スタッフみんなが話し合います。そして料理を変える、一部内装を変えることを行います。これが中間層です。そして最下層である立地を生かし、海の幸を使ってできるだけ多くの個客に満足してもらう料理を作ることで、海辺の立地基盤を生かした競争優位性を保つことができます。

またこのように、多層化された商品の仕組みがいったんできると、個々の顧客の多くが変化した場合に、その変化に気づきやすくなります。その場合は、まず最上層の接客スタッフで対応し、それでも対応しきれなくなった場合に中間層を変え、さらなる大きな変化への対応には最下層の基盤を変える。多層化された商品では、このように段階的に変化させることができます。

こうして、変化のしやすさを軸に商品を多層化すると、多層化の軸は提供価値の要素のライフサイクルの長さとなります。料理を変えるのは料理人の採用が必要で、少し時間がかかります。建物の設備は、一度変えるとその後すぐに変えるわけにはいきません。毎日試しに接客の方法を変えるのと比べ、はるかに長い時間がかかります。この変化にかかる時間の差がライフサイクルの長さの差であり、この長さを軸にして商品の多層化設計をします。

❖ コンビニエンスストアはどのように多層化されているか

他の例で見てみましょう。コンビニエンスストアは、業種分類上は商品を販売している小売業ですが、提供している価値は「便利さ」です。したがって、この便利さをユーザー視点で見て構成要素を取り出し、ライフサイクルで多層化することで、多層化された商品として見ることができます。

構成要素として挙げられるものとしては、まず「買い物の時間」です。もし見つけたいものがなかなか見つからなかったり、レジで並ぶ時間が長かったり、支払いやお釣りで時間がかかったりすると「便利」ではありません。さらに「商品のラインナップ」があります。最適なタイミングで最適な品が揃っていて初めて便利であり、さらに継続的に新しい商品があることで、便利さの価値が増します。仕入れ商品の決定や最適な配送プログラムは、この「商品のラインナップ」を支える要素であり、最終的には便利さの価値を増強します。また、「立地」はユーザーの便利さにとって大事な要素です。例えば都会では、駅から家の途中にあるのが便利さの要でしょう。

これら「買い物時間の短縮化」「商品ラインナップ」「立地」といった構成要素を商品のライフサイクル、すなわち変化のしやすさという視点から見ると、「買い物時間の短縮化」が一番短く、「立地」が一番長くなります。したがって、最上層が「買い物時間の短縮化」、中間層が「商品ラインナップ」、最下層が「立地」となります。

❖ 製造業における商品の多層化とは

次に製造業で見てみましょう。パソコンを例にとると、商品のライフサイクルの観点で見れば、アプリケーションソフトが最上層、ＯＳが中間層、パソコンというモノが最下層に見えます。しかし、ユーザー視点からの提供価値で捉えると、見方が変わります。ウェブサイトを見るためにパソコンを使っている人にとっては、最上層はウェブブラウザの便利さです。そうすると、中間層はウェブブラウザの動作のスピードを確保するためのソフト技術やハードデバイスとなります。最下層はＷｉ-Ｆｉなどの無線通信技術でしょう。こう見ると、パソコンやＯＳといった従来的視点の製品は中間層の要素になります。これはコンビニエンスストアにとって、商品は中間層の要素であるのと同じ構図です。

自動車で言えば、現在の自動車は、モノとしての意味合いが強く、ライフサイクルで切り取ると、マイナーモデルチェンジで変わるデザインが最上層、フルモデルチェンジが中間層、かつてのリクリエーションビークルのように新しいスタイルの車種が最下層になります。しかし、自動運転機能が増えソフトウェアが自動車に載り、さらに購入するものからシェアリングするものに変わると、この構図が変化します。最上層は、状況に合わせ最適な車を最適な場所で見つけ出すサービス、中間層は、ソフトウェアのアップデート（例えば自動ブレーキや振動キャンセル機能向上など）、最下層に車自体のモデルチェンジとなり、これまでの車の３層がすべて最下層に入ることになるかもしれません。これは車の提供価値の変化が、プロダクトライフサイクル全体をかなり短くすることを意味します。

多層化された商品の例②

	今の車 	将来の車 
最上層	デザイン マイナーチェンジ	最適な場所で 最適に使えるサービス
中間層	フルモデルチェンジ	ソフトウェア 自動運転用 電装部品用 娯楽用
最下層	車種の増加 電気自動車 ハイブリッドなど	従来の車の要素

	コンビニエンスストア 	プロダクトライフサイクル 
最上層	買い物を便利にするサービス 陳列方法	短い 速い変化が可能
中間層	商品ラインナップと質 物流	やや短い ある程度の速さの変化が可能
最下層	立地 店舗設計	長い 変化に時間がかかる

Column 2

自然の生態系は多層化構造で変化に強い構造を作り出している

地球上の生態系は、変化から生態系全体を守るために多層化という戦略を取っています。人間などの個体は、病気や災害に対応するための免疫や組織再構築能力を持っています。一つひとつの細胞は死んでも、個体という生態は守られます。しかし、それだけで命を守るには限界があります。したがって種というものがあり、ある個体が死んでも別の個体は生き残るような仕組みを持っています。これを層という概念で見ると、細胞のライフサイクルが最も短く、個体のライフサイクルがその次に短く、種のＤＮＡが最も長いライフサイクルとなります。さらに、ホモサピエンス（人間）、犬属、猫属などのある特定の種が滅んでも、それ以外に生き残る種があり、また新たな生態系を築き進化していくでしょう。こう考えると、種のＤＮＡより長いライフサイクルである生体情報系のようなものがあると考えてよいかもしれません。

2-3 多層間の連携が価値の創造を生む

❖ Product-Customers-Fitの創造プロセスとは

Product-Customers-Fitの流れを、先の旅館の例でさらに詳しく見てみましょう。

ある年に突然、アジアから日本への旅行客が増えた場合を想定します。これまで通りのやり方をした場合、旅館の顧客数はアジアからの訪日客の増加比率以上には増えません。旅館の経営者（ここでは母親である女主人とその息子の2人）は、アジアの旅行客は口コミで良い旅館の噂を広げることを知っており、宿泊客が増えないのは宿泊客が期待以上のものを感じていないからだと考えました。そこで宿泊客に、チェックアウト時にヒアリングをすることにしました。様々な意見が出ました。「畳でなくベッドにして欲しい」「駅から旅館までの場所がわかりにくい」「中華料理を出して欲しい」「海に近いから取り立ての海鮮料理が食べたい」「外国人のサービススタッフをつけて欲しい」「部屋を大きくして欲しい」などです。旅館内でもどうするか意見が様々出ました。

大企業の経営企画から後を継ぐために戻ってきた30歳代の息子は、「思い切って新しい建屋を立てよう。そこをベッドの洋室にすれば、ライバルより先に多くの顧客が取れる」という意見でした。しかし女主人である母親は、「そんな資金は手持ちにはないし、リスクが大きい。確実にできるところから始めよう」との意見で、みんなで話し合った結果、駅から旅館までの案内を多言語でサービス展開し、接客スタッフとして外国人のアルバイトを１人採用するに留めました。しかし、この２つだけでも、10人に２人の宿泊客は満足してくれるようになりました。

そうして少しずつ顧客が増えていきますが、あるところで、また伸びが鈍化します。部屋数にはまだ余裕があるので、もう少しアジアからの旅行客を増やしたい。そこで、母親の女主人は、次に少ない投資でできるものはどれかを考えました。そして自前で料理人を雇って料理を作り、同時に料理の価格を上げようと決めます。実行に当たってはヒアリングを行い、その結果から確実に20％は満足する客がいると確認し、料理人を雇いました。

さらに観光客は増加する傾向にあり、息子は「やはりベッドにしないと満足は得られないし、事業は大きくならない」と主張しましたが、母親は「じゃあ畳の部屋にベッドを置こう。意外とそれで満足するかもしれない」と考え、畳部屋にベッドを置くことにします。そして予想通り、意外と旅行客は喜んでくれて、ますます顧客が増えることになりました。

Product-Customers-Fitでは、ニーズは少しずつ伝播するもの

従来の事業展開

市場調査：ベッドの
ニーズが外国人の間で高い！

新しく建屋を立てる

時間とお金が
かかる

大きく市場が取れる

実際はリスクが伴う

Product-Customers-Fit

駅から道が
わかりにくい

ベッドが
ほしい

日本人のサービス
普通の日本料理
和室
歴史ある建屋
妥当な価格

外国語道案内
一部 高級和食
和室
歴史ある建屋
一部特別価格

すぐに変えられる
ところから変える

外国語道案内
一部 高級和食
一部 和室にベッド
歴史ある建屋
一部特別価格

それでも難しい場
合、できるだけ短い
時間で変えられると
ころだけ変える

❖ 商品が多層化されると体系立った創造が生まれる

この例で、母親の女主人が取った行動は、変化が容易なところから変化をさせ、徐々に顧客の満足を上げていく方法でした。一方、息子は思い切った判断こそ大事と説いています。この例で言えば、母親の対応がとても当たり前の対応に見えます。しかし現実には、多くの企業では息子と同じように、新しい建屋を立てる判断をしていることと思います。特に、最後のベッドについては、畳部屋に置く判断はなかなかしません。「ベッドなのだから畳の部屋でもいいじゃないか」との発想と行動は、個客を知り尽くした勘から出る発想と判断です。

しかし、これを商品の多層化という視点で見れば、多層化された商品の中間層であるベッドを置く行為と、最下層である建屋を立てる行為は、変化の難しさが大きく異なり、ライフサイクルも違うため別の層となり、全く次元が異なる比較となります。このように商品を多層化して判断をする仕組みができていれば、息子も母親も同じ視点で、まず最上層、そして中間層の方法、すなわちできるだけ資本投下の少ない方法でやれることはないかと考え抜き、それでもダメな場合は最下層の方法の一つである建屋を立てる判断をするでしょう。

❖ 大企業は新規事業の投資リスクを厳密に考えてこなかった

先に、大企業では旅館の息子のような「顧客を増やすには建屋を立てる」判断が多いことを述べました。その理由は、投資対効果を計算した際には、道案内より建屋を立てる方が回収利益が大きくなることが多いからです。

金融商品のプロの投資家は必ずリターンとリスクの両方を見ますが、一般の事業会社の場合、投資対効果はしっかり見るものの、意外とリスク、すなわち不確実性を反映した見方をしていないことが多くあります（おそらく「なくてはならないニーズ」に不確実性が少なかったからでしょう）。そうすると、建屋を立ててベッドを置く投資は、投資金額は大きいがそのリターンも大きく、一方で道案内は投資金額は小さいがリターンも小さい。そして現場から遠い決済者が聞くと、建屋を立てたら旅行客は大きく増えそうな気がしますが、道案内は作ってもほとんど増えるような気がしません。こうして、建屋を立てるという判断になってしまうことが多いと考えます。

しかし、旅館の女主人の母親は、これまでの失敗や変化の波を味わった経験からリスクがあることを身にしみて感じており、少ないリスクで効果が出る方法にこだわり、かつそれをしっかり測定することを行っています。金額の大小だけでなく、不確実性を加味して投資対効果の良否を判断すると、結果として母親の方が正しかったことになります。

❖ 多層化で本当に必要なニーズが見える

この母親のやり方のもう一つの利点は、本当に必要なニーズが見えやすくなることです。ベッド以外のニーズを満足させていく中で、本当にベッドがボトルネックなのかが見えてきます。とことんやれることをやって、それでもやっぱり満足しない顧客の人数を見て、初めてニーズの強さと大きさがわかります。畳にベッドを置いてみて、初めて洋室にベッドでないと満足できない顧客がどれだけいるかがわかるのです。本当に洋室の設備を作るか否かの判断は、それからでも十分です。これはまさに、ソフトウェアにおけるβバージョンの発想です。派手さはないですが、極めて当たり前のやり方であることに気づきます。

さらに、このやり方の良いところは実践で行っていることです。最良の市場調査は実際に売ってみることです。どれだけ市場調査をしてアンケートで良い結果を得ても、実際に売ってみると全然売れないことはよくあります。特に「欲しいか欲しくないか」とアンケートで質問した場合、回答者は「その価格で欲しいか欲しくないか」だけを答えます。しかし、実際に買うときには、同じお金を払うのであれば得られるであろう無数の他のものと比較し、買うか買わないかを決めます。使うお金には限界があり、そのお金を使う選択肢は無数にあるからです。だから、実際に売ってみないと個客の本当のニーズは見えないのです。

このやり方のさらに良い点は、個々の顧客の声が聞けることです。個々の顧客は様々な

Product-Customers-Fitの事業におけるメリット

	従来の事業展開	Product-Customers-Fit
ニーズの理解	調査のみで不確実	実際に売る中で知るため かなり確実
売上予想	調査ゆえ外れやすい	個々の顧客に基づくため 当たる確率が高い
投資判断	リスクが高い	変えやすい最上層から順に 行うためリスクが低い
事業採算	失敗する確率の高い 事業が増える	失敗する事業の確率が減る 結果、事業の採算は高い

バックグラウンドを持っています。それを整理せず、印象で覚えていると、なんとなくどのような人がベッドで寝たいと言っているかを感覚知で認識していきます。そして例えば、年配の人が多かったという感覚が残っていれば、畳部屋にベッドを置いてもいいとのアイデアが浮かんできます。この感覚知は、アンケートの数字だけ見ていても出てくることではありません。やはり、個々の顧客の顔が見えることが、高い成功確率の投資判断につながっています。

❖ 個別化と標準化・量産化を最適なバランスにすることで利益を最大化する

「あったらいいなというニーズ」にとって、もっとも価値が高いのは「私だけの製品やサービス」です。あなたの話をじっくりと聴き、その奥にあるニーズを感じ取り、それに合った製品やサービスを提供すると、その個客にとって価値は最大になります。ところが、こういう商品は手間がかかるため、価格が非常に高くなります。オーダーメイドの家、オーダーメイドの家具、オーダーメイドの服、オーダーメイドの食器はどれもすべて非常に高い。もしオーダーメードで車やスマホを作ると、恐ろしくお金がかかるでしょう。これが、オーダーメイドのサービスが一部の富裕層のみで一般にはほとんど普及していない理由です。

一方で、量産化はコストを下げ、価格を低くするものの、個々の顧客の違いを汲み取ることができず、ありきたりなものになります。「なくてはならないニーズ」の時代には、この量産化は最適な方法でしたが、「あったらいいなというニーズ」の時代にはこの方法では限界があります。

この個々の顧客に合ったものを作ると同時に、標準化（量産化）でコストを下げるには、個客に合わせて変えられる部分と標準化（量産化）部分の両方を、一つの商品の中で持つことが必須です。これを実現する手法が、多層化された商品という設計手法です。旅館の例で言えば、料理の要望に応えるために、その都度お客様の要望に応えて料理を外注する方法は、個別対応はできるものの標準化されていない方法です。これだとコストがかかり、価格が高くなります。

したがって母親の女主人は、ある一定数のニーズがあることを把握した上で料理人を雇います。この方法が標準化になります。個別に発注するサービスは最上層、料理人を雇うのは一つ下の中間層です。これは変化への容易さ、すなわちライフサイクルの長さで分けます。また、もしアジア旅行客への対応のため、一部のスタッフが自主的に中国語や韓国語を勉強する場合は、最上層の変化です。一方、一定の人数がいて一人ひとりがバラバラで学ぶより、標準的に語学教育をした方がコストが安くなります。これは中間層の変化です。

このように、個々の顧客に行うサービスを共有化し、それを標準化していくプロセスを繰り返して行うことが、個客のニーズに応えつつ、同時にコストを抑えていくプロセスです。それを実現するのが商品の多層化であり、Product-Customers-Fitの手法です。

2-4 Product-Customers-Fitによって変わる仕事の役割

❖ 営業の変化

「なくてはならないニーズ」から「あったらいいなというニーズ」に変化するにつれ、これまでの仕事のやり方や役割も変化していきます。

従来の「市場を予測してニーズを見極め、商品を開発する」時代には、製品そのものに価値があると考えます。その製品は完成されたものです。ですから、この完成されたものをいかに売るかという仕事の流れになり、それに合わせた役割ができます。そうして営業部隊と開発部隊が出来上がります。

従来の営業の仕事は販売する役割です。一方、「あったらいいなというニーズ」の時代、Product-Customers-Fitの手法が普通になる時代は、営業の仕事の中身は大きく変わります。新しい営業は個々の顧客と接する役割として、多層化された商品の最上層に位置します。個客への提供価値は常に個客との接点で生まれるため、その意味で、営業は価値を生み出す最前線にいることになります。個客の異なるニーズに応じ、最上層にあるサービスを変化させ、商品を最適な状態で、あるいは最適な組合せで個客に届ける役割を担います。さらに個客の多様なニーズの中で、営業では解決できない部分を本社各部門にフィードバックする機能もあります。それにより、１つ下の中間層の機能を変えるための情報やアイデアを伝える大きな役割を担います。

したがって、営業は個客から見れば、個客に価値を提供するサービススタッフであり、企業内部では個客のニーズ情報をもたらすマーケッターとなります。もはや、一般的に言う営業という言葉にはない役割です。

❖ サービススタッフの変化

サービス業におけるサービスは従来から提供価値の要です。そして、その個客との接点で起こった様々な課題や気づきは、会社の中でノウハウとして蓄積されるようフィードバックされます。そうしてよりサービスを標準化し、提供していきます。

また、モノの販売におけるサービスの役割も変化します。特に製造業においては、これまでは、完成された製品がうまく機能するように行う補完的な仕事として捉えられてきました。取り付けサービス、保守メンテナンスサービスなどです。しかし、Product-Customers-Fitが当たり前になる時代には、モノの販売におけるサービスも商品の最上層として、個客のニーズに合わせた対応をするスタッフとなります。そして今行っているサービスで対応しきれなくなった際に、その情報を中間層に伝えるマーケッターの役割も担います。

❖ マーケティングの変化

また、従来のマーケティングの仕事も変化します。もともとマーケティングの仕事は「市場規模を予測し、ニーズを見極める」役割と見なされてきました。

Product-Customers-Fitにおけるマーケティングの機能は、最上層の個客接点を持つスタッフからもたらされる情報を収集し、必要に応じて中間層でライフサイクルの比較的短い「何か」を変え、さらに最下層のより長いライフサイクルの基盤やコア部分を変えるべきかの判断を経営者とともに考えることが求められます。それは独立した役割でなく、個客と接する営業やサービス、開発、経営幹部など多くの役割の人たちと会話を重ね、ダイナミックに多層化された商品を変化させていく、媒介者のような存在です。

もちろん、そのアイデアを裏付けるため公開されている情報や、SFA／CRMからの個客データを取ることもあるでしょう。また、時に外部の調査会社を使ったリサーチも行うでしょう。しかし、これは従来の特に欧米のマーケッターが行う商品開発のためのトップダウン的なリサーチと異なり、営業やサービスの最上層にいるスタッフからもたらされる情報を補完する役割に過ぎません。

したがって、このマーケティングは専門スタッフの集まりである必要はありません。むしろ会話を促すファシリテーターであり、コーディネーターです。彼らは個客と自社の商品の接点の情報が集まる場にいて、同時に製品や基盤を作る（製造業で言えば開発部隊）人との接点の場にいます。

❖製品開発やサービス開発の変化

開発の仕事もそのありようが変わります。「なくてはならないニーズ」に対して「市場規模を定義しニーズを見極め製品を開発する」時代の開発は、到達すべき開発目標が会社から示され、それを何が何でも行う存在でした。「なくてはならないニーズ」を満足させることが優先されるため、ある一定のコスト以下であれば、技術や品質は高ければ高いほど良いと思われていました。

それが「あったらいいなというニーズ」の時代には、その役割は一変します。ニーズはとても気まぐれです。そのニーズが本当に価値を生むか否かは誰もわかりません。そのような状況で、何らかの商品を個客に早く提案する必要があります。旅館の例で言うと、アジアの旅行客が増える中、語学をスタッフに教育するのではなくまずチラシを作る、建屋を建ててベッドの部屋をつくるのではなく畳の部屋にベッドを入れる、というような発想が求められます。

また自社のリソースを知り尽くして、何ができるかを提示するのも開発の重要な役割です。どんな食材を使ってでも良いものを作るのが従来の役割だとすると、採れ立ての海の幸でできる料理で、何がアジアの人に受けるのかを考え出すのも、開発としての新たな重要な役割です。「なくてはならないニーズ」を顧客から要求され、それを精一杯作ることが良しとされていた価値観から、「顧客に受けるか受けないかはわからないが、とりあえず作ってみよう」という価値観への変化は大きなものです。安定から不安定へ、確実から不確実への変化でもあります。

2-5 価値創造の出発点は最上層における個客接点

❖「営業＝製品を届ける仕事」から「営業＝トータルの提供価値を創造する仕事」へ

営業の仕事について、もう少し詳しくお話しします。Product-Customers-Fitが実現した際の営業の役割は、完成された製品をお客様に売る役割ではなく、個々の顧客のニーズを捉え、その異なるニーズに対応して製品を含むトータルの価値（多層化された商品の価値）を個客に提供する役割です。

モノが核であれば、そのモノを使った生活改善（Ｂ２Ｃ）や生産性改善（Ｂ２Ｂ）の提案、サービスであればそのサービスの核となる部分（旅館であれば立地や建屋、Ｗｅｂサービスであれば背後にある仕組みやシステム）をベースとして、個々の顧客のニーズに合わせてトータルの価値を提供する役割です。そして、このトータルの価値を提供される前と後との個客の変化が、提供価値となります。

❖営業は売るだけでなく、情報を集めるのも仕事になる

従来の営業の仕事は売ることだけが目的です。もし売ることを目的として営業の仕事を捉えると、売れたときは仕事をしている、売れていないと仕事をしていないという見方になります。しかし、営業はそもそも非常に成功確率の低い活動です。経理の仕事は、100件やればミスはあっても1件でしょうが、営業は100件訪問をして、成約に結びつくのが30件もあれば大成功です。なのに現状では、3割の売れた情報は会社にとって大事な情報として残りますが、その背後の売れなかった7割の情報は消えてなくなっています。

一方、Product-Customers-Fitと商品の多層化における営業の役割にとっては、この7割の失敗が重要な価値を生みます。売れなかった情報は、なぜ売れなかったのかを考える改善のヒントになります。また営業だけでは対応ができない場合は、その情報が中間層における改善のヒントとなり、会社全体での進化につながります。また営業は、直接個客と接するため、売れなかった情報が「なぜ」という理由とともにもたらされます。この「なぜ」が最も質の高い情報となって、全社の標準化や改善につながるのです。

このようにProduct-Customers-Fitにおける営業は、営業兼サービス兼マーケッターで

す。失敗はマーケッターとしては最高の情報となります。それも、一生懸命売ろうとして売れなかった情報は、最上級の情報です。市場調査では絶対に得られないリアルな情報が手に入るからです。営業兼マーケッターは必死に売ろうとして売れなかったわけですから、その最も入手困難な情報をもたらしてくれます。しかも、「なぜ」という理由付きです。

旅館の例では、接客サービススタッフがまさにこのマーケッターの役割を担います。満足かどうかをお客様に聞く中で得られる情報が、このリアルな情報と「なぜ」をもたらします。そして、そのサービススタッフの改善努力がリピート客や口コミで次のお客様をもたらします。接客サービススタッフが、営業兼サービス兼マーケッターになる瞬間です。

私たちは、この営業の役割の変化は製造業、保険・金融業、小売業、建設業、不動産業など、あらゆる業種で可能だと思っています。そしてこの営業の役割こそが、Product-Customers-Fitの手法を最前線で現実のものとします。

❖ 新たな営業にはチームでのＰＤＣＡが欠かせない

個客への対応というサービスとしての役割、そこでの気づきのフィードバックというマーケッターとしての役割のほかに、新たな営業の役割に欠かせないものが営業のＰＤＣＡです。それを１人で行うのではなく、チームで行うことが大事です。

営業は多層化された商品の最上層で、会社を代表して個客に接することになります。したがって、サービスを一定レベルで統一させる必要があります。これは、店舗でサービスを行う際に求められることと同じです。店舗サービスだと、どのようにお客様に声をかけるか、どのくらいの時間でレジを終了させるか、どうやってお釣りを渡すかなどのサービスは統一されています。

これと同様のことが営業にも言えます。一般的に営業は個人プレーという考えが強く、営業研修と言えば、どうやって顧客を説得するかなどを教えますが、多層化された商品を最上層で担い個客と接する営業は、サービスに求められるものと同じ一定のサービスレベルが求められます。それは、まず自社の商品とその周辺の知識についてきっちり説明できることです。これは売るためでもありますが、顧客への最低限の提供価値でもあります。

したがって、そのサービスを一定のレベルに保つために商品の研修を行い、カタログや営業ツールを揃え、お客様のパターンに合わせてどのように伝えるかを模索します。また、良い提案をするための情報を会社として提供し、トレーニングすることで、一定のレベルのサービスを提供できるようにします。これは、多層化された商品の一部を担う責任でもあります。

❖営業を行う中でするべき標準化とは何か

著者は以前、ＢＩと言われる分析用のソフトを検討していた際、外資系会社の営業の方が、最初の紹介にもかかわらず、私たちの会社の実情に合わせて「こういう分析ならこういうやり方がある」というビデオを数多く見せてくれました。その会社が販売する中で得られた数多くのデータ分析の手法のうちから、私たちの業態に合ったものを的確に伝えてきたのです。

この活動は、営業の側面から見れば、ソフトを販売するための営業活動に過ぎません。しかし、顧客である私から見れば、どのような分析ができるか悩んでいる人に、分析のやり方を短時間でビデオというわかりやすい方法で伝えるサービスです。その価値は大変高く、会社がその活動に提供価値を感じているからこそ、分析方法をビデオのデータとして蓄積し、シェアすることが徹底できたのだろう、と痛感したのを覚えています。

❖標準化されたサービスでは対応できないときはどうする？

このように商品の最上層としての機能がいったん標準化されると、その機能に満足する個客、満足しない個客が現れてきます。そして、その標準化された機能を改善・追加しようとする動きが出てきます。旅館の例で言えば、日本式おもてなしが標準的な対応だったところに、突然アジア人の旅行客が急増し、これまでの標準化されたサービスでは顧客が満足しなくなります。

その際に、何かできることはないかと、営業やサービスの最上層での変化を探します。道案内を作る、挨拶だけでも現地の言葉を使う、メニューを他言語表記にする、1人だけ中国人のアルバイトを雇うなどです。これら多くのことをやってみる中で、何が喜ばれ、何が喜ばれないかが見えてきます。そして、喜ばれたものをすべてのサービススタッフに展開していく。このように、新たな標準化が生まれていきます。

❖営業チームのPDCAは「やってみる」ことと標準化を繰り返すこと

この「やってみる」ことと標準化を繰り返す中で、営業のサービスとしてのノウハウが蓄積されていきます。標準化されたサービスを日々行う中で、うまくいかないところを見つけ出し、まず何かをやってみて、それをチームで持ち寄って、やり方を考える。そして再びやってみる。そこで成功したものを取り入れて標準化する。

また、標準化したものを使って、新たな顧客を獲得していく。例えばアジア人観光客に喜ばれるサービスが標準化されれば、それをホームページや広告に載せ、新たな顧客を獲得していく。これらを繰り返すことで、組織としての営業の力がどんどん強くなっていきます。

❖ 営業が新たな商品を生む強い基盤となる

営業チームは、そのチーム内では対応しきれないことが発生すると、その都度、中間層を担う部署にその情報を伝えます。これはマーケッターとしての役割で最も重要な情報です。失敗した情報を単に本社に流すのではなく、営業でいろいろやってみて苦労し、どうしてもできなかったことの情報です。ですから、中間層でそれを実現すると売れる確率が上がります。

これらの動きの中には、従来の「営業活動」「新規顧客開拓活動」「顧客ニーズのフィードバックの活動」などすべてが含まれます。しかし、商品の最上層を担う営業の役割としては、一つの連続する活動です。さらに個人プレーでなく、一定の人数で行うことで知恵が集まり、より高い確率で成功していくことになります（この部分については本書の後編で詳しく述べます）。こうしてサービスの質が高まれば高まるほど、個客とのつながりが太くなり、絆が出来上がっていきます。それが、次の新たな商品を生む強い基盤となります。

Product-Customers-Fitの各機能の役割
▶ 従来
個客
商品を提供する
営業
サービス
マーケティング
商品を作る
開発・製造・システム構築
▶ Product-Customers-Fit
個客
個客に合わせた価値を提供
個客に変化を感じ取る
営業
サービス
最上層
効果的な施策を標準化して提供
ありのままの情報を集積
マーケティング
中間層
商品のコア部分を提供
サービスでは対応できないニーズをフィードバック
開発・製造・システム構築
最下層

Column 3

Product-Customers-Fitにおける営業と、従来の「凄腕営業マン」との違いとは

営業が行うサービスには2種類あります。一つは「商品に含まれるサービス」、もう一つは「商品とは関係がないサービス」です。前者は、Product-Customers-Fitが最上層で求めているサービスですが、後者は営業担当者個人が顧客個人に対して行う商品とは関係のないサービスです。営業でよく言われることの一つに「自分を売れ」がありますが、これは商品に付随したサービスというより営業個人を売ることを指します。特徴がない汎用化された商品でも、個人力で商品を売ってしまえるのが「自分を売る」力です。

しかし、本書で紹介するProduct-Customers-Fitでは、「自分を売る」営業はむしろわかりにくさを助長する要因となります。例えば、ある商品をその人だけが売ったとしても、売れた理由を解明できなければ他に当てはめることができません。また、商品が多くの顧客にとって魅力を失ってきても、売り切ってしまうためにその状況が把握できず、ネガティブな情報が中間層に伝わりません。

一方で、Product-Customers-Fitにおいて最上層を担う営業は、あくまで「多層化された商品に含まれるサービス」として価値を提供します。例えば、保険商品を、営業担当自らがお客様の要望に応じて組合せを変えて提案した場合、そのサービスは「最適な保険商品の組合せを提供するサービスで、商品に含まれる要素の一つ」になります。この場合、営業・販売スタッフが行う努力は、すべて多層化された商品の提供価値を上げるために直結します。その努力の結果、商品のサービスに対する気づきが生まれ、商品に包含されるサービスをより最適に変えていきます。そして営業担当のみでできることに限界を感じたとき、その顧客の要望を1つ下の層の中間層に伝えることが自然に行われるようになります。

2-6 他社が模倣できない基盤を作る最下層

❖ 最下層の3条件

多層化された商品における最下層は、商品や事業を支える根底になる部分であり、その要素です。最下層を特徴づけるものとして以下の3点があります。

①量産化や標準化ができること。これにより個客への付加価値をコストを抑えながら生み出すことができること

②商品を構成する要素の中で最も時間的・金銭的な投資が必要になり、その結果、投資の回収のための期間（長いライフタイム）が必要になること
③自社のノウハウとして蓄積されていくこと

❖最下層で量産・標準化できる要素

製造業の量産化はそのまま標準化と言い換えられます。小売業やコンビニエンスストアは、立地やフランチャイズ化、多店舗展開することで標準化することができます。ソフトウェアはプロジェクト、ソースコードなどの標準化、サービスはインターネットやスマホを使ったクラウド上での標準化が多く行われています。旅行代理店や金融サービス、簿記会計なども、今はまだ難しいですが、今後ＡＩ化で複雑なコミュニケーションを処理できるようになると、標準化の動きは加速されるでしょう。

❖ライフサイクルの長さで最下層を決める

次に標準化される要素の中で、ライフサイクルの最も長いものは何かを考えます。製造業であれば、量産製品の場合、量産するハードウェア製品を作るのが最も投資が必要で、時間がかかる要素となります。一方、一品一品受注生産する場合は、ハードウェア製品自体は都

度変更になるため、標準化された設計や生産プロセスが最下層となります。小売業であれば、本屋の場合、個人商店では、立地が最も変えにくい要素となりますが、他店舗展開している場合は立地に加え、標準化されたＩＴシステムがライフサイクルが最も長い要素になるでしょう。

このように、状況によりライフサイクルの長さは相対的に変化します。その相対的に最も長いライフサイクルの要素を最下層とします。また商品単位で見るか、事業単位で見るかによっても標準化された要素の見方が変わります。これについては、詳細を１０４ページのコラムに記載しています。

❖目に見えない要素により他社が模倣できない基盤を作る

右記の例はわかりやすい目に見える要素ですが、最下層の要素としては実際は目に見えない要素も多くあります。例えば、著者の前職のＴＨＫという会社は、製造業でロボットや精密機械に使われる特殊なベアリングを製造しています。製品から入るとハードウェアのベアリング製造技術が基盤となっていますが、もっと深く見ると、顧客への提供価値は個客へのカスタム製品の事業支援であり、それを開発から製造まで一貫して行うことです。

したがって、ハードウェアで見ると、最下層にある製造技術とそれが生み出す製品も、カスタム製品の事業支援という視点で見ると必ずしも最下層でなくなります。この場合、最上層は営業や技術サービススタッフの個客との接点、中間層が製品として提供されるハードウェアや技術で、最下層は営業・開発・設計・製造が顧客主義で一体となって動くシステムや仕組みになります。このように商品、商品グループ、事業、企業をどう区切るかで、見え方が変化します。

2-7 個別化と標準化の試行錯誤から利益を生む〝あいまいな〟中間層

❖ 中間層の3条件

中間層を特徴づけるものとしては、概ね以下のような点があります。

①商品を構成する要素のライフサイクルの長さが最上層と最下層の間であること
②最上層で行われていることを標準化する役割を持つこと（最上層だけではできない部分について）
③標準化する中で得た個客接点の情報を最下層に伝達すること

❖最上層と中間層の境目

最上層と中間層の境目はあいまいです。例えば営業ツール一つとっても、内容や状況で最上層に入るものも中間層に入るものもあります。営業ツールは、比較的チーム内や営業所内において営業担当者で変更することができます。しかし、ウェブサイトやカタログになると、営業では簡単には変えられません。

その理由の1つ目は、ウェブサイトやカタログは新たに作成するのに時間がかかるため、営業の日常の仕事の流れでは簡単に変更ができないからです。しかし、より重要なのは2つ目の理由で、会社や商品の伝え方を個人任せにせず、標準化する必要がある点です。なぜならウェブサイトやカタログは、会社や商品のブランドと直結するからであり、また商品・製品説明などで会社として間違った情報を載せられないためです。

一方で、営業ツールでもプレゼンテーション資料などは、個客によって都度変えることになりますから最上層です。あるいは営業が持ち寄った製品の使い方の紹介ビデオなども、営業内でどんどん追加・変更できるのであれば、最上層になります。

このように個客と接点を持つ営業・サービスの担い手が、自らあるいは自らの組織で変更できるものはライフサイクルが短いため最上層に位置し、営業・サービス以外の部署で時間をかけて変更させるものは中間層に位置します。この何を最上層にして、何を中間層にするかは必ずしも決定されているものでなく、柔軟に対応することでより変化に強くなる組織になります。カタログはブランドイメージと商品の仕様詳細を載せるため本社で慎重に作るものの、お客様ごとの使い方の事例集は営業がオンデマンド印刷でどんどん作っていくというように、同じカタログという言葉で表される行為も、最上層のものと中間層のものがあります。

このように中間層と最上層の境目はあいまいですが、逆にあいまいさによって変化を常に求められ、変化するために常に考える習慣がつきます。本書後編ではこの「常に考える」組織を構築するための手法について述べますが、そのためにもあいまいであることはとても重要な要素です。

❖ 中間層における「トライ」と「徹底」のバランス

先に挙げた旅館の例では、中間層に位置する要素は「料理人を増やす」「畳の部屋にベッドを置く」の2つでした。どちらも投資と一定の時間がかかりますが、それほど大げさな施策ではありません。すなわち、大きな投資が必要な長いライフサイクル最下層の要素ではありません。

しかし一方で、やってみてダメだったらすぐ止めるような種類の活動とも違います。すなわち最下層のように、いったんやったらしばらくはやり続けなければならないものでもなく、同時に最上層のとにかくやってみる類のものでもありません。中間層にある要素は、最上層と最下層の中間にあり、ある程度、徹底・継続することは重要であると同時に、結果の見極めを早めに行う必要がある類のものとなります。

このように中間層はとても中途半端であいまいです。一般的に、このようなあいまいなものは組織が大きくなるにつれ、嫌われ失われていきます。「徹底するか」「変え続けるか」の方がわかりやすく、「トライしてある程度は徹底するものの、早めに振り返って結果の善し悪しを見て変えていく」運営は非常に難しいものです。大きめの投資であれば、経理上資産となるために、その投資から利益を得ているかを必要に迫られて見ることになりますが、小さい施策は（企画する前は費用対効果を確認したとしても）経理上、投資ではなく経費や社員の時間となって残らないため、振り返って結果の善し悪しを見る必要性がなく、放置されることが多いようです。

❖中間層はトライする一方でしっかり効果測定することが必要

徹底・継続と変化させることのバランスは運営が難しいものの、日々きっちりと仕事をする風土の職場では、概ね日常的に行われています。例えば、日本の工場のように5Sがしっかりしていて、毎日決まったことをきっちりと行う風土があれば、小さな改善活動の施策もその結果がどうだったかをしっかり見ていると思います。そのような職場には物事をきっちりと行うタイプの方が多くいて、行動と結果の振り返りを一つひとつきっちりと行います。

一方で、営業の現場はそういう雰囲気とは正反対です。もちろん売上数字はしっかり見ていますが、結果主義ですので、細かい数字は重視しない傾向にあります。また、新しいアイデアを好む人は、どんどん前へ向かって新しいことをやりたがる傾向にあり、後ろを振り返るのが苦手です。

中間層で求められるのは、一方で新しいアイデアを試しながら、一方できっちりと振り返るという、性格的には相矛盾する２つのことを同時に行うことです。したがって、理想的には１人ではなく、チームで行うことが必要になります。

❖ 中間層は上下の層をつなぐ難しい役割が求められる

中間層はさらに、最上層の方と最下層の方の両方とコミュニケーションを取ることが求められます。最上層は、営業に代表されるように臨機応変さが求められる職場で、せっかちで行動的な性格の人が多く、最下層は開発や製造に代表されるように、コツコツきっちりと物事を行う人が多いです。中間層はその間に立って、個客接点で起きていることを吸い上げ、自らが標準化できる部分は中間層で行い、どうしても中間層ではできないときに、もっと時間と投資がかかることを行うかの見極めを、最下層の人と一緒に実施することになります。そのため、最上層と最下層の両方としっかりとしたコミュニケーションを取る必要があります。

中間層のありようは、事業規模によって異なります。旅館の例で言えば、小さな旅館の場合、この中間層と最下層両方の役割を経営者が現場責任者として担いますが、大きなホテルになるとサービス部門や施設部門が独立して存在するため、経営幹部がある意味中間層のような役割を担うもののその役割には限界があります。サービス部門の改善によって解決できない問題がある場合のみ、経営幹部にそれが課題として上がってきて、その上で課題を施設部門に割り振ります。それは例えば、外国人が増えてベッドが欲しいという要望がサービス部門から上がり、経営幹部がそれを施設部門に投げ、施設部門は洋室を用意するような流れです。しかし、ここには、厳密な意味での中間層は存在しません。なぜなら、この場合、最上層であるサービス部門と最下層である施設部門のコミュニケーションは分断されているからです。

このように、企業規模が大きい場合は、意識して中間層を作る必要があります。例えば小さな旅館の女将さんは、その小ささゆえの意思決定の柔軟さを保ったまま規模を大きくしたいと考え、サービス部門と施設部門のように分断されることを好まず、仮に部署を作ったとしても両者に壁ができないように何らかの工夫をするでしょう。それは、サービス部門で個客に接している人たちが、施設部門とざっくばらんに接して話ができる場作りや雰囲気作りかもしれませんし、あるいはサービス部門と施設部門の間に立ち、中間層の機能を担う部門を作ってスタッフを専属でつけることかもしれません。

そして、そこで行われるコミュニケーションがうまくいくように、細心の注意を払って風土や仕組みを作ります。かしこまったコミュニケーションではなく、ざっくばらんなコミュニケーションができるよう、正直なありのままの意見が相互に出るような工夫をすることになります。それは異なる性格の人同士を結びつけていくという難しい作業になります。しかし、難しい作業だからこそ、それができるようになれば高い競争優位性が築けることになります。

❖中間層の消滅が組織の硬直化の根本原因

このように規模の小さい中小企業などでは、社長自らが最上層では個客と接するトップセールスを行い、最下層では大きな投資の判断を直接行うため、個客の情報と核となるコアの要素との両方を見ながら中間層の役割を自らが果たし、自社で何ができるかを投資コストやライフサイクルを考慮しながら考えるProduct-Customers-Fitを、自然に行うことが可能です。

しかし組織が大きくなると、かなり注意深く中間層の形成をしないと、どうしても経営者の目が行き届かなくなり、個客と接する営業・サービス的な役割の部署と、核を担う開発・製造・システム的な部署との間にコミュニケーションの壁ができ、結果として中間層の機能は消滅します。私たちは、これこそが、組織の硬直化の根本原因であると考えています。

Column 4

商品、商品グループ、事業、企業で異なる多層化構造

最上層、中間層、最下層の多層化構造について、本書では主に「商品」を対象に分類方法を記載しています。しかし、実際には一つひとつの商品では括られず、商品カテゴリーや事業、あるいは企業全体に広がって考える必要があります。なぜなら、最上層のサービスも複数の商品を組み合わせて初めてできる場合もあるでしょうし、中間層の標準化も、複数の商品群や事業全体で行う場合も多くあるからです。また、最下層は単一商品でなく、事業としてのコアとなる技術である場合も多いでしょう。このように最上層、中間層、最下層の要素は、商品、商品グループ、事業といった切り取り方で異なります。さらに、この多層化の概

商品・事業・企業など「何を多層化するか」によって異なる多層化構造

	商品	事業	企業
最上層	サービスの個別化	標準化されたサービス	多層化された商品
中間層	サービスの標準化	標準化されたハードウェア	コミュニケーション組織構造・仕組み
最下層	標準化されたハードウェア	事業の強みとなるコア部分	風土・価値観

念を企業全体の活動まで拡大すると、組織運営まで含んだ多層化という概念になり、最上層に多層化された商品がすべて入り、それを支える企業のコミュニケーション方法やルールなどの組織構造や企業文化、さらにそれを支える目に見えない企業風土や共有された価値観があるのではと考えています。

　このように多層化の具体的な方法は多様であり、今後さらにこの概念を発展させていきたいと考えています。

〈前編：事業編〉

第３章　Product-Customers-Fitの始め方・進め方

3-1 Product-Customers-Fit を実行する6つのステップ

❖ 提供価値を見極める

Product-Customers-Fitは、どのように始め、どのように進めればよいのでしょう。まず、最初に行うのは、個々の顧客への提供価値を改めて見つめ直すことです。

①自社の商品を使っていただいている個客が、なぜ使ってくれているかを改めて考える。

顧客のBefore/After（商品を使う前と後）の差は何かを考え、自社の提供価値がどこにあるかを個客視点で幅広く挙げる。また、それらの提供価値が受け入れられた個客や業界、社会の背景も考察する

②①で挙げた顧客提供価値の中から、ライフサイクル、すなわち変化のしやすさに合わせ構成要素を最上層・中間層・最下層に分解・分類する

③既存の個客でありユーザーでもある個人や企業をリストアップし、多層化された商品がどのように提供価値を与えているのかを、一人ひとり、あるいは一社一社見て考察する。ここで大事なのは市場をセグメント化せず、一人ひとり、一社一社見ること（理由は後編に記載）

④まだ取引のない潜在個客、あるいは潜在売上額は大きいにもかかわらず、まだ売上が小さい個客をリストアップする。その一人ひとり一社一社に対して、多層化された商品がどのように提供価値を生むかを考える。そうして一人ひとり一社一社のアプローチ方法を考え、できればツールに落とし込む。

⑤④のアプローチ方法とツールを使って、リストアップされた潜在個客に提案する

⑥⑤の提案の結果を見て、成功・失敗の両方から「なぜ」を考える

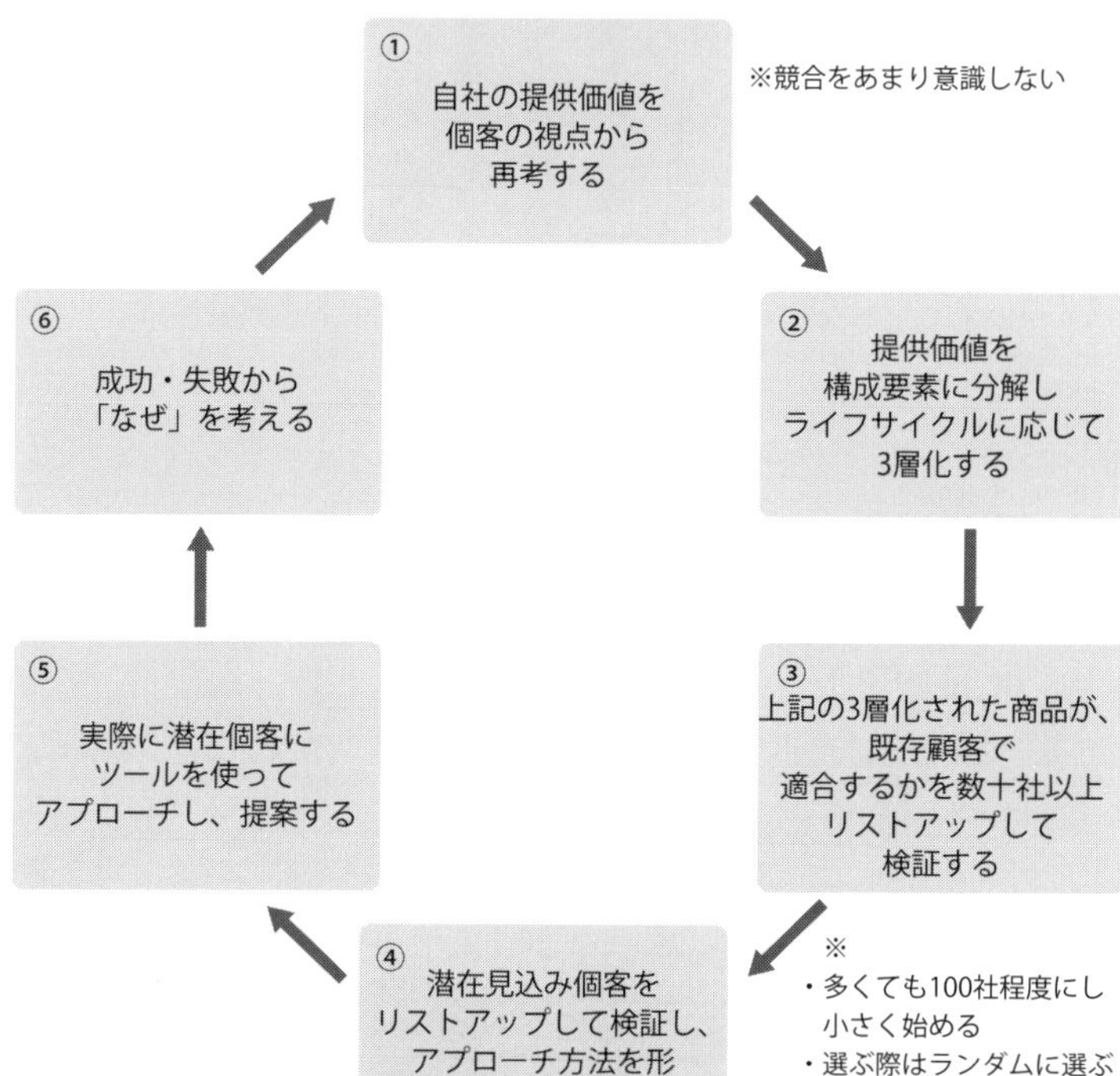
実行の6つのステップ
①
自社の提供価値を
個客の視点から
再考する
※競合をあまり意識しない
②
提供価値を
構成要素に分解し
ライフサイクルに応じて
3層化する
③
上記の3層化された商品が、
既存顧客で
適合するかを数十社以上
リストアップして
検証する
※
・多くても100社程度にし
小さく始める
・選ぶ際はランダムに選ぶ
・分類しようとせず個々の
顧客で見る
・必要に応じ顧客に直接聞い
てみる
④
潜在見込み個客を
リストアップして検証し、
アプローチ方法を形
（ツール）にする
※複数の営業が担当する潜在
個客をリストアップする
⑤
実際に潜在個客に
ツールを使って
アプローチし、提案する
⑥
成功・失敗から
「なぜ」を考える

以上を踏まえ、成功した個客を振り返り①の工程に戻り、6工程を繰り返し行う。

❖個客のピックアップ方法

以下の項目に沿って顧客をピックアップします

○右記③では少なくとも数十社、できれば100社程度リストアップするのが望ましい

○その数十社から100社の会社は数人の営業担当者・サービス担当者から選ぶ

○B2Bで個客数が少ない場合は、購入ユーザーの部署、あるいは購買担当者・使用担当者に分けて、数をできる限り多くする

○個客数が数十社・数十人を超えない場合はProduct-Customers-Fitの手法そのものに適さない

○新規事業や新規分野でまだ個客がいない場合、確率の高い見込み個客をピックアップして①から⑥の工程を進める

3-2　Product-Customers-Fitを始める際の注意点

❖小さいことから始めよう

Product-Customers-Fitの開始時の注意事項を以下に示します。

○小さく始める。不確実な環境で失敗リスクがある場合は、小さく始めるのは当たり前だが、意外と実行されていない

○個々の顧客を分類しようとしない。分類すると見失うものが出てくる

○自社の提供価値についてはかなり柔軟に広げて考える。個客との接点で、意外と自社の提供価値が見出せることがある。商品が気に入ったと思っていた個客が、意外と別のことを感じていることもある

○個客に直接聞いて見る。ただし、自分たちで十分推論してから行わないと表面的な内容に止まってしまうリスクがある。深く聞く（Depth Interview）には、個客も気づいていない無意識での感情や感覚に気づく質問をする必要がある

○自社の提供価値や機能、それを支える背景の仕組みやシステムを、あくまで「ライフサ

イクル」という時間の概念で切り分ける。つい、ベッドと建屋、料理人と食器など似たカテゴリーのものを同じグループにしがちだが、あくまで「ライフサイクル」、変化にかかる時間で分類する

◯必要以上に競合のことを意識しない。競合を意識すると、個客へ提供する価値に目が行きにくくなる

❖推進時のポイント

Product-Customers-Fitをいったんスタートすると、先に述べた6つのステップを繰り返し行うことになります。ここでもいくつかの注意点があります。

◯個客との接点を担う営業やサービススタッフが、常に自分たち創意工夫するよう、個客接点を持つ前に「どのように個客へアプローチするか？」を確認し、そして実際に接点を持った後に、「その結果がどうだったか」を振り返るようにする。結果を確認するスタッフは、できれば営業・サービス経験者から選ぶ。そのスタッフの立場は、マネージャーでもコーチ的な役割の人でもよいが、営業・サービススタッフからある程度一目置かれる存在であることが望ましい（以下、この、個客接点を現場で集約するスタッフを仮称で「個客接点情報収集スタッフ」と呼ぶ）

○「個客接点情報収集スタッフ」が、中間層の役割を担うスタッフと情報をシェアする仕組みを作る。小さな会社であれば、中間層の役割は経営者か事業の責任を持つ幹部が担っている場合が多く、大きな会社になると先に述べたように、この機能が失われていることが多い。その場合は、最下層である組織との橋渡しができる中間層の立ち位置にスタッフを置くことが望ましい（以下、このスタッフを仮称で「橋渡しスタッフ」と呼ぶ）

○最上層の「個客接点情報収集スタッフ」と中間層の「橋渡しスタッフ」は、コミュニケーションを密にする中で、最上層においてトライアンドエラーができる部分と、より標準化して全社に広げる部分がどこかを常に注意して観察し、標準化が可能なものは速やかに標準化する

○右記の標準化のプロセスは日々行うが、顧客接点を担う営業・サービススタッフに負担がかからないように、標準化の実践には一つひとつ時間をかける。そして負担にならない程度に習慣化された時点で、次の標準化された行動を促すようにする。習慣化するためには、通常１つか２つの行動を徹底して行った場合、１～３ヵ月くらいかかる

3-3 多層化された商品に合わせた意思決定プロセス

❖ 多層化された商品の層によって意思決定は異なる

繰り返しになりますが、多層化された商品は商品を構成する要素を、最上層、中間層、最下層へとライフサイクルで分類します。ライフサイクルの長さで分類されていますので、理屈上、意思決定のありようも同様にライフサイクルの長さで分けられることになります。

最上層はスピードと現場感が大事ですから現場に近い場所で、中間層は最上層とも接点を持ち幅広く情報が集められるとともに、最下層を行う部署や経営トップと連携が取れる場所で、最下層は投資が発生するため経営的判断が可能な場所で、というように意志決定の場所も3層になります。

また、ここで言う「場所」は、文字通りの「場所」を指す場合と、人と人とのつながりの中での「場所」を指す場合の両方があります。Product-Customers-Fitを機能させるには、3層構造におけるコミュニケーションは極めて重要です。したがって、この場作りには細心の注意が必要です。

意思決定にかける時間についても、プロダクトサイクルの長さと比例します。最上層は素早い意思決定が重要ですし、最下層は大きな投資をするため、時間をかけて慎重な意思決定をする必要があります。

意思決定のプロセスについては、Product-Customers-Fitは、３層のそれぞれの層とその間での「トライ」と「標準化」を繰り返す手法のため、意思決定も誰かが自分だけの考えで決める類のものではなく、あくまで実行と振り返りを繰り返す中で自然と生み出されるものです。もちろん各層で意思決定者は一人であることが望ましいですが、その意思決定者は強いリーダーシップを持つタイプよりは、状況を観察して自然に決まるものは自然に任せ、どうしても必要なときだけ判断する長老的なタイプに近いです。

このように多層化された商品に合わせた意思決定は、場作りが大事である点、じっくりと時間をかけて意思決定を行う点、すり合わせの中で自然に意思決定がなされる点、リーダーが独断的なタイプでなく、多くの意見を尊重していざと言うときに英断するタイプである点など、伝統的な日本企業が持つ要素を多く含んでいると考えます。

3-4

創業時に当たり前のことが実行のヒント

本章で挙げたProduct-Customers-Fitの一連のステップは、創業時においてはある意味当たり前のことです。スタート時には自社の提供価値が何かを考え抜き、潜在個客を一社一社イメージし、上手く行かないことを想定し、商品を変化させられる部分とそうでない部分の両方を持ち合わせるようにします。このようなプロセスは、多くの起業家が自然に行っているでしょう。そして起業はリスクが高いため、まずは試しに一部の個客にアプローチし、フィードバックを得て、失敗から学び改善していきます。

逆に、創業時から市場をセグメント化し、ニーズを見極め、大きな開発投資をする会社はほとんどいないでしょうし、そういう方法をとる企業があるとしたら、それはベンチャーでなく、成功が約束された国家事業のような場合でしょう。

したがって、Product-Customers-Fitの考えは決して新しい概念ではなく、真剣に事業を始めようとする起業家が当たり前に考えている内容です。そして、すべての企業は成功した創業期を持っていますから、そこから学ぶことは多いと思います。

〈前編：事業編〉

第4章 個客情報の蓄積が次の商品・事業を生むProduct-Customers-Fitのもう1つの効果

4-1 質を伴う個客情報は企業にとって大きな資産

❖ Product-Customers-Fitのもう1つの価値は個客資産

Product-Customers-Fitはこれまで述べた効果以外に、もう一つ大きな効果をもたらします。それは、Product-Customers-Fitがもたらす個客の情報資産をベースとして、次から次へと新商品や新事業を増やしていく手法を可能にすることです。Product-Customers-Fitを実践する中で得られる個客情報資産は、ただの顧客リストではありません。個々のお客様がどのような商品やサービスを好むか、どのくらい変化が速いかなどの、有形無形の情報がびっしり入っています。

また、この資産は、最上層の営業スタッフが個々のお客様に対応してきたつながりの積み重ねでもあります。このつながりの積み重ねは、大企業であればブランドと呼べるものであり、中小店舗などであればお客様との絆と言ってもよいでしょう。この資産を生かすと、これまで述べた手法・プロセスと異なるもう一つのProduct-Customers-Fitの手法・プロセスが可能になります。

❖ 個客とのつながりが大きな価値を生む

Product-Customers-Fitを実践している企業には、つながりを持った個客が多く存在します。その個客には、商品の最上層の個客接点におけるサービスが大きな価値を提供していいます。もし、これらの個客が他のモノを別の会社から購入しており、そのサービスに満足していない場合、自社がその製品と同じモノをより良いサービスで提供してくれるのであれば、そちらも同じ企業から買いたいと考えるのは自然です。

例えば、ある花屋があって、その花屋はサービスの一貫として、個客の生活スタイルに合わせ、花を使って暮らしを豊かにするアイデアをたくさん提案しているとします。花を買っている個客の中で、暮らしを豊かにする提案にとても満足している人たちは、その花屋が花以外のものでも、暮らしを豊かにする提案をしてくれればいいと考えるでしょう。これが、個客とのつながりが大きな資産となっている状態です。こうなれば、花屋はほとんどリスクなく、花以外に食器や紅茶、お菓子などへと製品を広げ、その豊かな生活の提案力をますます高めていけます。

❖ 個客情報は莫大な資産価値

個客とのつながりの情報が莫大な資産価値となり、利益を生み出すことは、インターネットの世界では常識になっています。検索サイト、SNS、ECなどの企業は、個々人のインターネット履歴からその人にとって意味のある情報を見出していく技術や事業を大きく進化させてきました。今、スマホやウェブであらゆる情報が獲得されビッグデータとなっており、ウェブサイトを閲覧していると一人ひとりに最適な広告が、分野を問わず次から次へと出て来るようになっています。まだ精度が悪いですが、一人の個客の情報が、全く異なる分野の商品の販売機会を生むという意味で、すでに大きな情報資産価値となっています。

❖ Product-Customers-Fitで重要な個客の質的情報

Product-Customers-Fitは、個々の顧客に最適なサービスを提供し、そのサービスに対する個客の反応を蓄積していく仕組みですから、量的な情報だけでなく、絆のような質的な情報が大事です。

この質的な情報には、個客が自社の商品の何に興味を持ったか、自社商品を使ってどのくらい満足しているか、不満点はどこにあるか、商品をどのように使っているか、他にどんな商品を一緒に買ったか、一緒に使っている他の会社の商品は何かなど、多くの貴重な情報が含まれています。

例えば、アミューズメントパークの場合は、アニュアルパスを作り、何人の個客が来場したかは量的情報です。一方で、アニュアルパスを使ってどんな人が来て、どのアトラクションをどんな順番で体験したかは質的情報になります。一年に何度も来る人がいた場合、その人が毎回同じアトラクションを体験するのか、それとも毎回異なるアトラクションを体験するのかでは、次に考える施策は全く異なる内容になります。

4-2

価格は個客が認めている価値のものさし

❖個客サービスは付随するものでなく商品そのもの

読者の中には、先ほどの花屋の例は、いわゆる事業の横展開と何が異なるかと感じられた人がいるかもしれません。確かに個客とのつながりを利用して、事業を横に展開するという意味では同じです。ただ、商品を多層化し、サービスも商品の一部とする切り口と、一般的な考えであるモノを売るためのサービスという切り口とでは、個客とのつながりに対する思いや投資の仕方は異なるでしょう。

モノを売るためのサービスをする場合、個客とのつながりはどうしてもモノが中心になります。結果事業を横展開したときに、ふたをあけると上手くいかないことも往々にしてあります。花屋の例では、花を売るためにサービスをしていた場合、個客とのつながりは花というモノが中心になります。花でつながっていた個客が、必ずしもお茶やお花を買ってくれるかはわかりません。

一方、多層化された商品を設計し、商品の最上層として、すなわち商品の一部として豊かな生活の提案をしていた場合に、その最上層部分を生かして中間層を変える発想は、より自然に出てきます。また、最上層のサービス設計を価値提供として行っていますから、個客と何でつながっているかを見誤まることも少ないでしょう。

右記の2つの考え方の違いは、個客を見る目も変えます。花を売るための販促手段として生活提案をしている場合、生活提案をしたから買ってくれたお客様も、生活提案をしなくても花を買ってくれたお客様も同じに見えます。生活提案をしなくても買ってくれたお客様は、販促の手間がかからないお客様ゆえ、むしろより良いお客様に見えるでしょう。

しかし、生活提案を多層化された商品の一部として行っていた場合、生活提案が気に入って買ってくれたお客様が、本当に価値を感じてくれた個客となります。逆に生活提案に興味を示さず、花だけを買うお客様は、個客としてはその会社の多層化された商品価値を最大に認めていないお客様になります。

❖ 価格によって価値を測る

お客様が、最上層の商品機能を認めてくれている個客か、そうでない個客かを見分けるシンプルな方法は、価格です。高くても買ってくれている個客は、まさにこの生活提案に満足して買ってくれているわけです。そこには企業と個客とのつながりがあり、それが積み重なって絆となります。ですからこの商品の多層化を理解していれば、値引きは容易にしないことになります。それは利益のためだけでなく、多層化された商品の価値を認識している個客か否かを判断するためにも必要だからです。

4-3 最上層の個客とのつながりを生かして新事業・新商品を創る

❖ 多層化の生かし方

高くても買ってくれる個客に対し、花ではなく紅茶、食器、お菓子を販売することは、一見花屋がお茶屋になる感じがしますが、商品を多層化された状態で見た場合、最上層のサービスは変わらず、個客からはほとんど変化していないように見えます。

この手法は、コンビニエンスストアでは当たり前です。67ページに述べたように、コンビニエンスストアが提供しているのは便利さです。便利さは、多層化された商品において、最上層では現場のスタッフの動きや商品の配列などで、中間層では販売する製品ラインナップを通して提供されます。製品はかなりの頻度で入れ替わっています。しかし、コンビニエンスストアが多少製品を入れ替えたり追加したりしても、新たな事業展開をしていると感じる

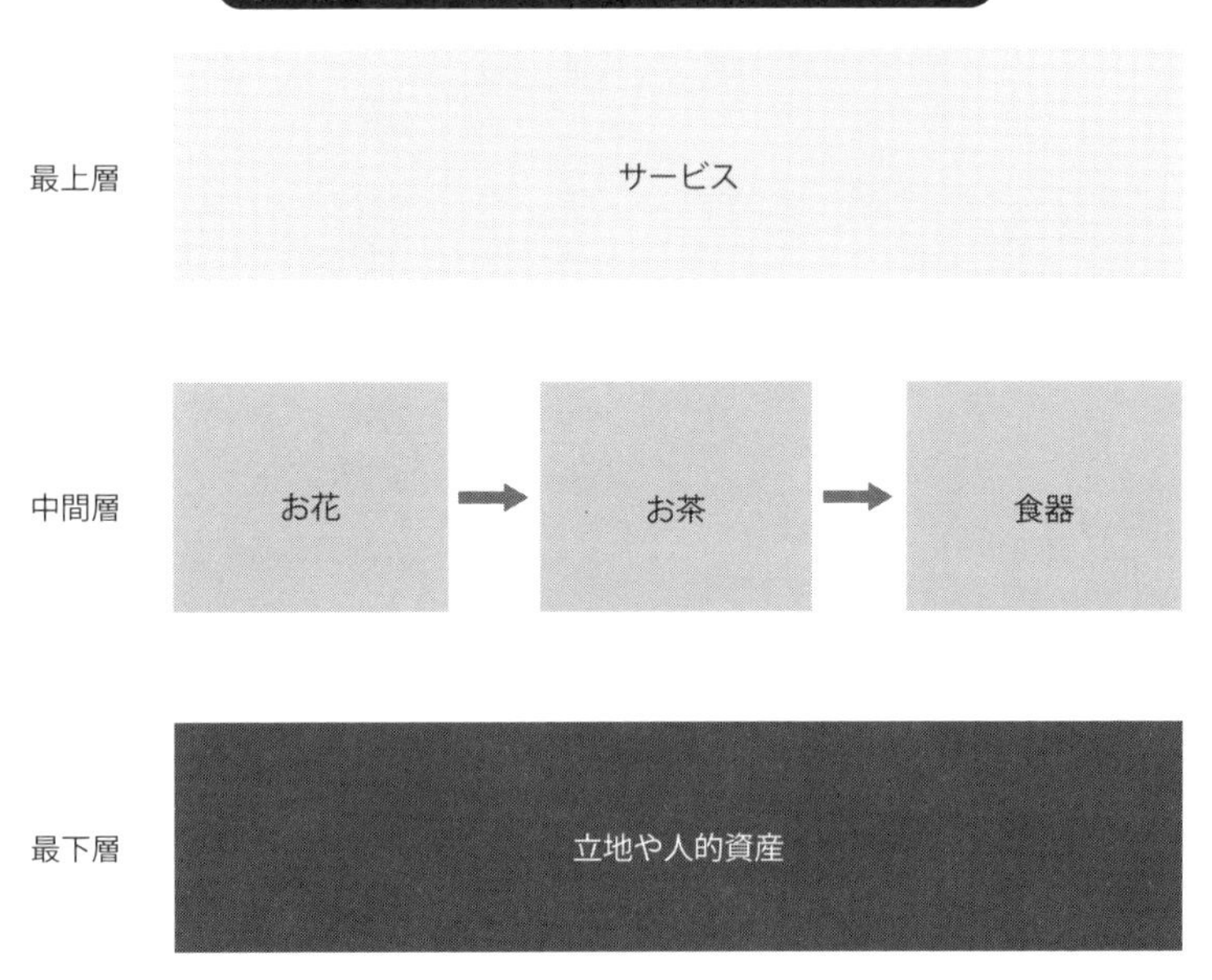

ことはほぼないでしょう。しかし、八百屋が突然雑貨を売ったり、肉屋がドリンクを売ったりすると違和感を覚えます。それは、八百屋は野菜を売る店であり、肉屋は肉を売る店であって、便利さなどその他の何かを売っているわけではなく、消費者もそう認識しているからです。

30年以上前にパソコンに起こった変化もこれと同じです。パソコンにウィンドウズが載り、パソコンという多層化された商品の最上層がウィンドウズになったため、ウィンドウズが載っていればその下の中間層であるパソコンのハードウェアは何でもよいという状態になりました。

このように、サービスやソフトウェア、ウェブサービスなどの最上層でも、提供価値が上がれば、そのつながりをもとに製品を変えたとしても、個客から見たら違和感はなくなります。

❖ 新商品・新事業展開の9つのステップ

ここでは、非常に簡単ではありますが、新商品・新事実展開の実践のステップを箇条書きで記載します。

①自社の商品やサービスを継続的に使っている個客をピックアップする（ここでは「絆のある個客」と呼ぶ）

②なぜ使っていただいているかという提供価値を、多層化された商品をもとに考え、その提供価値が最上層の個客との接点にあるか、あるいは最下層の自社のコア（核）に近い部分にあるか仮説を立てる

③②の仮定をもとに、実際に絆のある個客にヒアリングを行う。ヒアリングの際には、先入観を除去するため、いつも接点を持っている営業・サービススタッフではなく、別の

スタッフが聞くことが望ましい
④②の仮説と③で実際に聞いた結果が一緒になるまで、②と③を繰り返す。聞いた内容をもとに考えず、あくまで仮説を持ってヒアリングするというプロセスを経る（これは気づきをもたらす仕組みとして重要。詳細は本書後編に記載）
⑤絆のある個客が、他に購入しているものが何かを調べる
⑥その中で、自社の中間層に組み込むことが可能なモノやサービスを探す
⑦中間層の新たな要素（新たなモノやサービス・あるいはそれを支える仕組み）を作り、絆のある個客への提供価値を明確化する
⑧その要素（新たなモノやサービス・あるいはそれを支える仕組み）について、絆のある個客に対してヒアリングを行い反応を確認する
⑨実際にその新たな要素（新たなモノやサービス・あるいはそれを支える仕組み）を開発する

〈前編：事業編〉

第５章　高収益を生む４つの理由

5-1　個客への個別対応と量産・標準化のバランスの最適化

本章ではProduct-Customers-Fitがどのように高収益をもたらすか、その理由を４つに分けて述べます。

❖ なぜトレードオフにならないか？

Product-Customers-Fitが高収益を生む理由の１点目は、個別対応と量産・標準化を同時に達成することで、高収益が得られることです。個々の顧客のニーズを満たすために、個別対応は大事な要素になります。個別対応は、その個客には高い付加価値を生み、結果高い価格で販売できることになります。しかし、個別対応は同時にコストも高くなります。

また、もう一方の利益を上げる方法は量産・標準化です。まさに産業革命でモノが広がった理由でもあります。しかし、量産・標準化すると個別対応が難しくなります。個別化と量産・標準化は、本来相入れない要素で、どちらかに偏ると高い収益は得にくくなります。

この個別化と量産の両立は、製造業では数十年来ずっと大きなテーマでした。「なくてはならないニーズ」の時代から、ニーズが多様化し始めた1990年代、この矛盾を解消するためにセル工程（ベルトコンベア式でなく1人の作業者が製品の組立を最初から最後まで行う工程）を中心に、マスカスタマイゼーションと呼ばれる製造方法が始まり、一定の成果を上げました。このマスカスタマイゼーションという考えは、多様化する個客ニーズに合わせ、個別に量産する手法を概念的に示したものです。しかしあくまでも、「モノ（製品）」を多様化するニーズに合わせて、どのように生産するかという手法です。

❖ どうやって個別感を出すか？

一方、Product-Customers-Fitは、商品をより広義に捉え、多層化された商品という概念

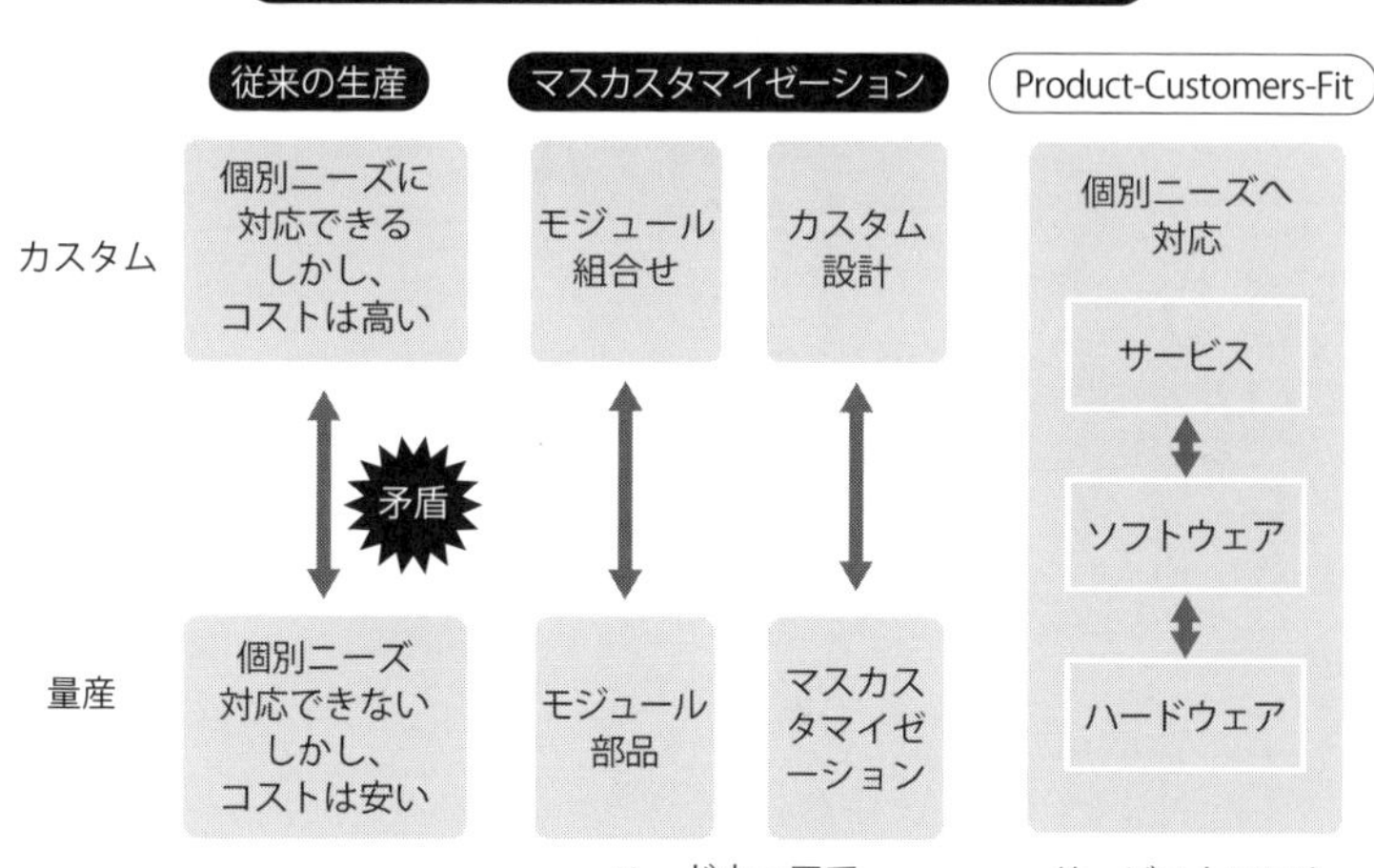

と、個客への提供価値をもとに設計することで、異なる個客ニーズにソフトウェアやサービスを加えた価値を柔軟に提供する手法です。この多層化された商品をうまく設計することで、個客から見ると自分たちのために提供されている商品として個別化の価値を感じ、同時に提供する側から見ると、量産化・標準化によりコストを下げることが可能となります。

アップル社が生み出したｉＰｈｏｎｅなどのスマホは、まさにこの原理に基づいています。ｉＰｈｏｎｅの価値はその多機能さですが、ハードウェアがその多機能さを生み出しているわけでなく、アプリなどのソフトウェアが生み出しています。しかし、高機能のハードウェアがなければ、良いアプリも生まれません。この多層化された商品構造により高い価格を実現し、同時にハードウェアは同一製品を量産することで、コストダウンに成功しています。その結果、高い利益率、高い収益を生むことを可能にしています。

5-2 積み上げでなく個客接点の価値で決める価格

❖ 価値=価格を決めるのは時間軸

Product-Customers-Fitが高収益を生む理由の2点目は、価格をコストからではなく価値から考えるようになることです。商品を開発して販売する従来の考え方では、価格は商品のコストに営業管理費などの経費を乗せ、さらに適切な利益を乗せて決めるものでした。したがって、利益の上限が決められてしまいます。

しかし、これまで何回か述べたように、実際の価値は商品と個客との接点で発生します。それは、商品を使う前（Before）と使った後（After）の差異です。その差異により価値が測られます。当然、個客ごとに状況が異なるため、同一商品に対しても得られる価値は異な

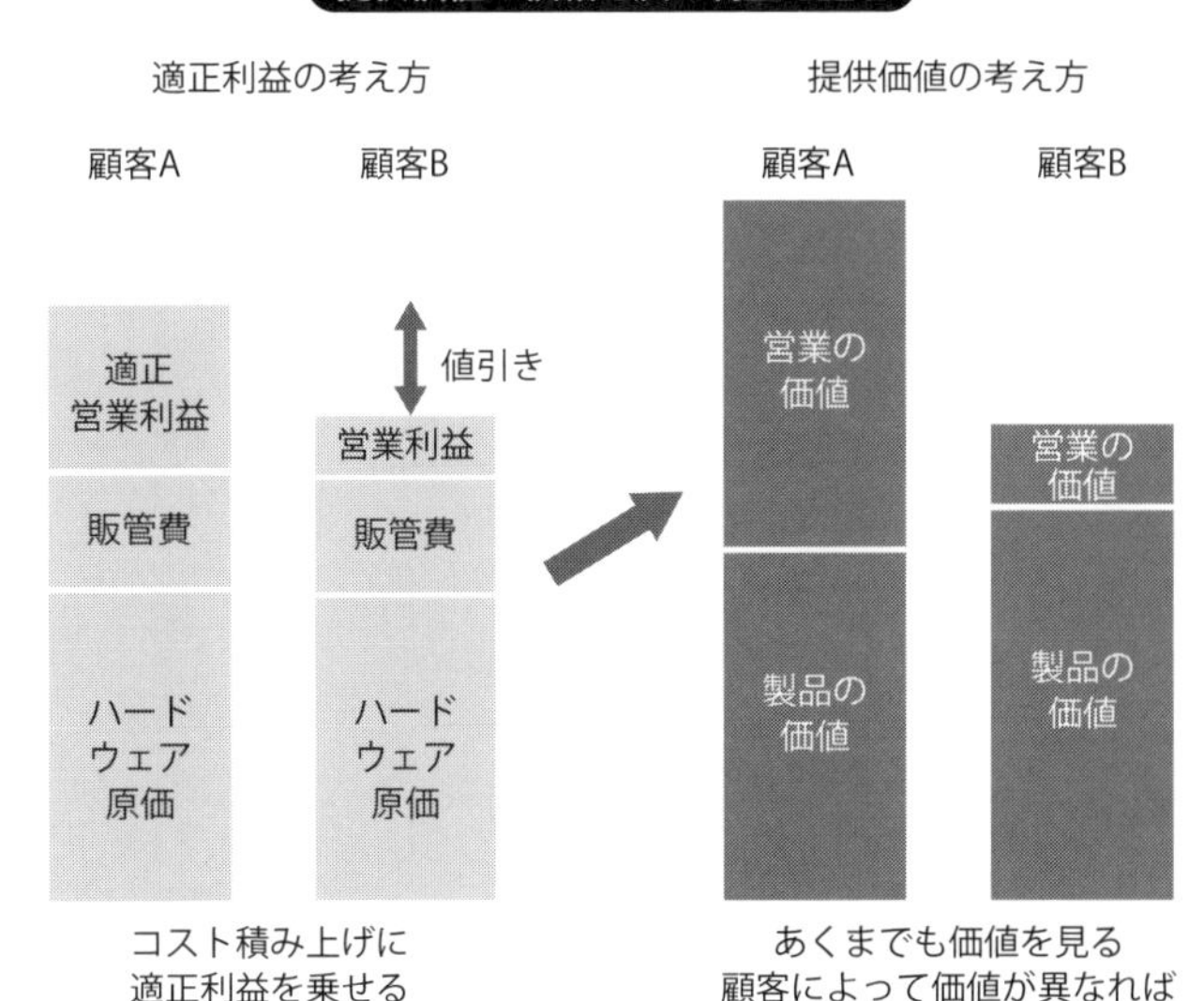

ります。したがって、顧客との接点を担う営業やサービススタッフ（実際には営業＋サービス＋マーケッター）がそれぞれの個客への提供価値を見極め、それぞれの個客に応じた価値＝価格を提供します。それにより、提供した価値をそのまま価格に転換することが可能になり、高収益がもたらされます。

例として最適ではありませんが、飛行機やホテルは需要と供給のバランスを見て価格が変化する、ダイナミックプライスという方法を取っています。これはまさに、同一商品にもかかわらず、価格が異なる例です。欧米のチップを払う習慣も、もともとこの個々の顧客の満足度、すなわち価値に応じて価格が支払われる仕組みです。

5-3 個々の顧客の生涯価値の最大化

Product-Customers-Fitが高収益を生む理由の3点目は、1人の顧客から得られる価値を最大化させることです。第4章で述べたProduct-Customers-Fitの2つ目の効果は、個客とのつながりをベースにして、中間層の機能（モノやサービスあるいはそれを支える仕組み）を新たに生み出すことです。この方法をとれば、1人の個客から得られる生涯価値（Customer-Life-Time-Value）を高めることができます。

製造業が主流だった日本では、利益の計算は売上から原価を引き、さらに販売管理費を引く考え方が主流ですが、インターネット業界では原価という概念がほぼないため、異なる利益の計算方法を取ります。それは1人の個客により生涯で得られる利益から、1人の個客を獲得するコストを引く手法です。この1人（あるいは1社）の個客を獲得するコストを投資として、1人（あるいは1社）の個客から生涯で得られる利益を回収として利益を計算すると、1人の個客にどれだけ多くの商品を提供できるかが、収益の決定的な要因になることが

個客の生涯価値が利益を生む

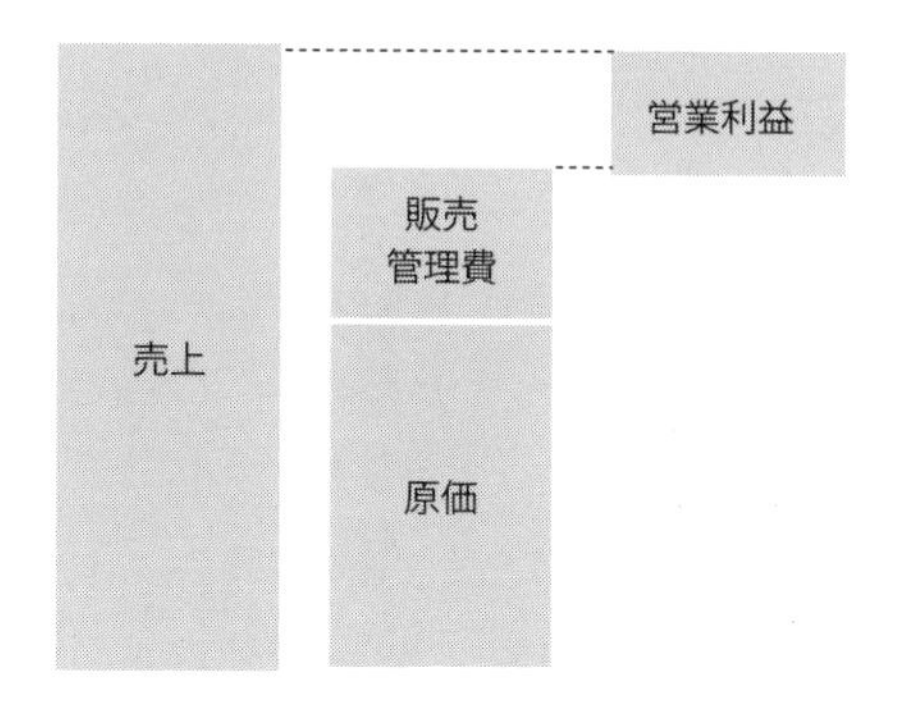

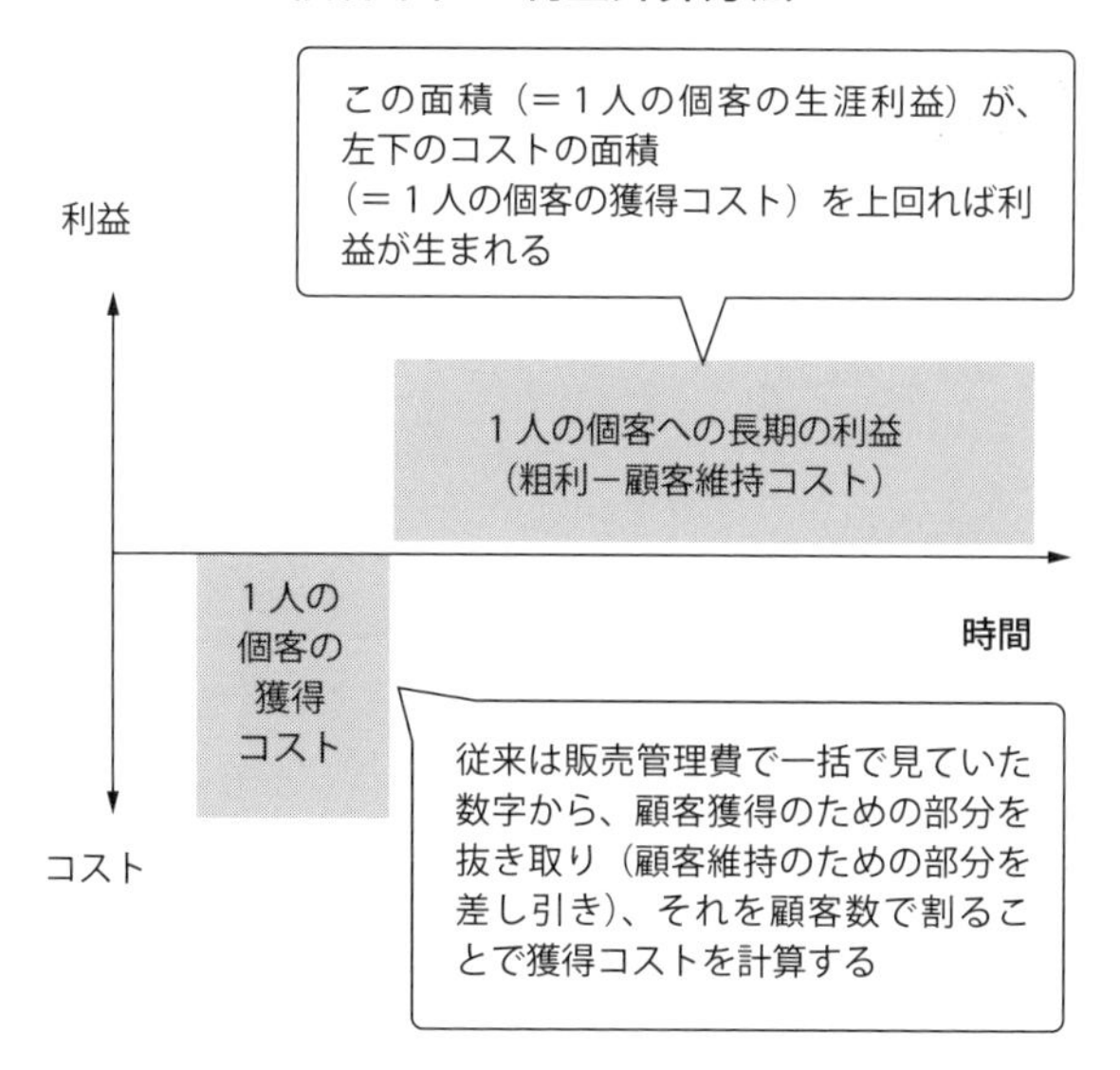

わかります。製造業も含めてこの流れは今後、当たり前の方法になると考えています。

Product-Customers-Fitの2つ目の効果は、個客との強いつながりをベースに、中間層の商品の創出を可能にすることです。その結果、1人（あるいは1社）の個客に対し、1つの商品だけでなく様々な商品の販売が可能になり、結果、1人（1社）当たりの生涯売上が上がります。これが、Product-Customers-Fitが高い収益性をもたらす3つ目の理由です。

5-4 失敗する確率の低い開発投資

❖ 投資と回収の差に留意

Product-Customers-Fitが高収益を生む理由の4点目は、失敗する開発投資が減ることです。先に述べたように、製造業で一般的な利益の計算方法は、売上から製造原価を引き、さらに販売管理費を引くものです。しかし、次から次へと新しいサービスや商品を作り出すサービス業やインターネット業界の利益は、この伝統的な計算だけでは状況が理解できません。また、新製品を次々と生み出す製造業も、これまでの計算だけでは利益を見誤ることになります。したがって、プロジェクトごとの投資と回収の差を見る必要が出てきます。

この計算方式には見落としやすい点があります。個別プロジェクトごとに投資対効果を見ると、実行したプロジェクトの利益をそのプロジェクトにかかった投資金額で割る（または引く）という計算になります。しかし実際には、陰で数多くの失敗したプロジェクトがあり、それらを積み上げると、複数のプロジェクト全体としては損をしていることがあります。

このようにプロジェクト単位の収益を見る場合は、現在実行中のプロジェクトの成果とその投資額を個別に見ることが多いですが、実行中のプロジェクトはある程度成果が出たから続いているわけで、その陰には失敗した多くのプロジェクトが存在します。ベンチャー企業の多くが潰れるように、大企業内部の新規プロジェクトも多くが失敗しているはずです。あるいは調査や試作にお金をかけ、その後立ち消えたものも多くあるでしょう。

❖早く見極める

このように全体での利益という観点で見ると、最も大きな損失となるのは失敗したプロジェクトへの投資です。したがって、失敗をどう防ぐのか、あるいはどう早い段階で見極めるのかが収益を上げる最も重要な点となります。

これまで新規事業は失敗することを前提とし、たまに大きく成功することを期待するようなメンタリティで行われていたところも多いかと思います。一方、Product-Customers-Fit

開発であまり失敗しないことが利益を生む

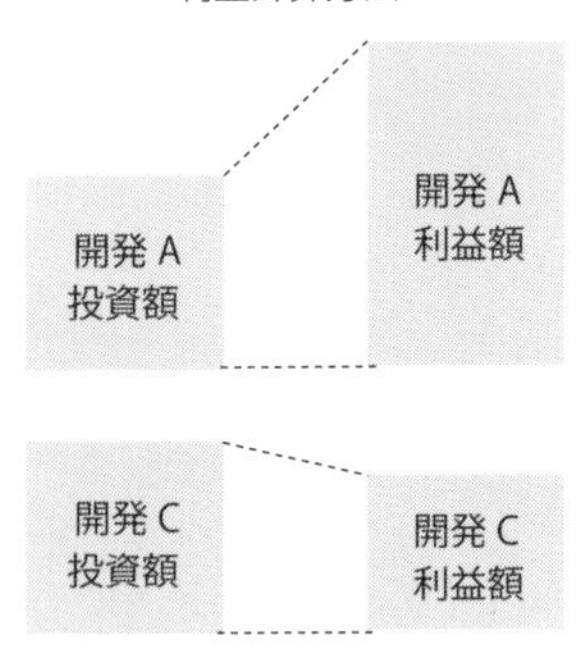

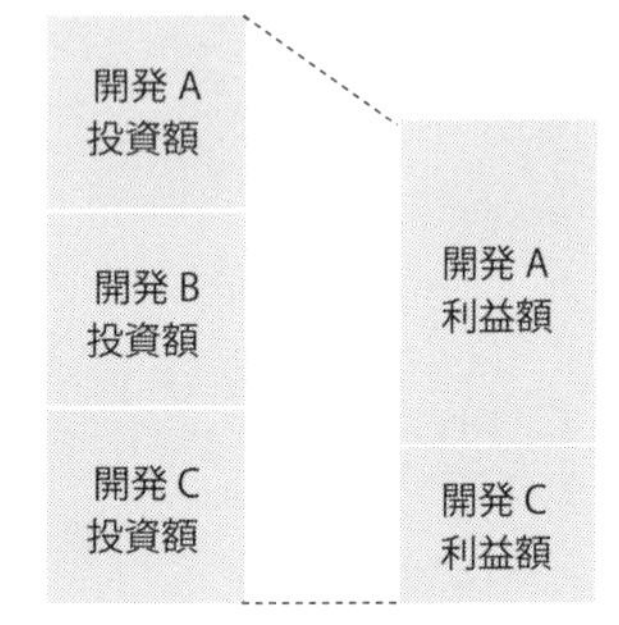

では、最上層で個客の変化するニーズに対応し、その変化に対応できないものを中間層で変化させ、それでも対応できない場合に最下層の開発投資（比較的長期の投資）が行われるという流れでニーズが伝播し、施策や投資が実行されます。

旅館の例で言えば、畳の上にベッドを置いた後で初めて施設を変える投資をします。その結果、失敗確率が低くなります。さらに個々の顧客を見ているため、一部の個客で見込みが外れても全部で外れることは少なく、ゼロになる失敗は少ないです。一方、「市場規模を見て、ニーズを見極め、開発する」場合、市場の捉え方を間違えるとゼロになることもあり得ます。このように、投資の失敗確率を下げることで高収益を上げることができます。

Column 5

Product-Customers-Fitは最適化のスポットを見つける仕組み

39ページのColumn 1では、利益は最適化から生まれるという説明を行いました。Product-Customers-Fitは、理論的にはこの利益の最適化のスポットを探す仕組みです。

Column 1で挙げた多くの相関曲線の中で、大きく変化がある関係がいくつかあります。一例を挙げると、商品の提供価値と、価格および数量の相関曲線です。多くの個客は最低限の機能に満足すると、それ以上は求めません。したがって、ある機能・性能・品質と数量との間の曲線は、ある位置までは大きく立ち上がりますが、その後は一気に下がります。

一方、一部の個客はより高い商品の提供価値を求めます。したがって、価格は一部の個客を中心に上がり続けます。

また、性能と製造コストや、数量と製造コストも大きな変化を持つ関係です。より良いものを作ろうとすれば、製造コストはあるところから急激に上がります。例えば、100分の1の不良率と100万分の1の不良率とでは、製造にかけるコストは大きく異なります。量産効果は、量産装置の導入が可能となる点で一気に出始めます。

Product-Customers-Fitが利益を最適化する

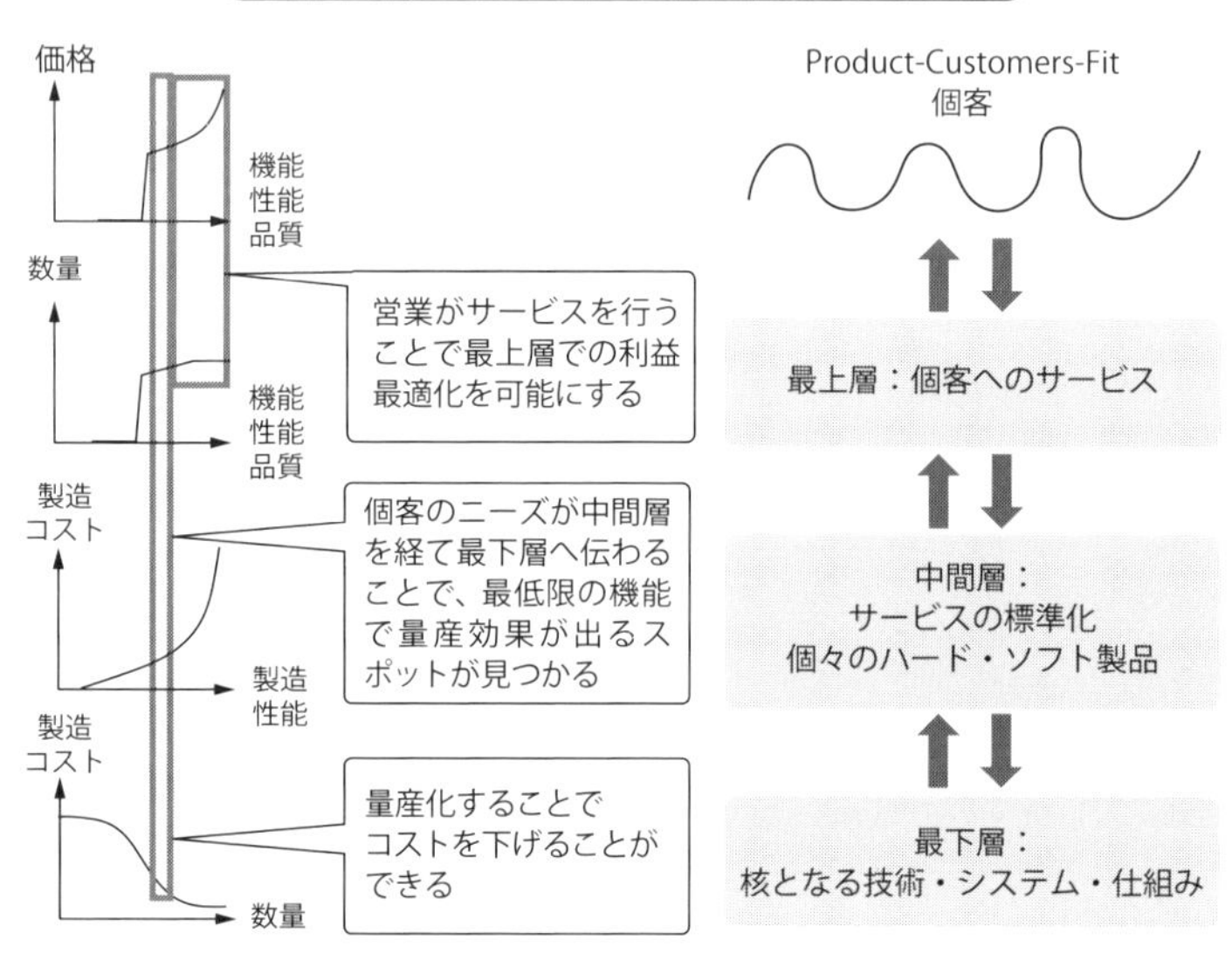

※製造と開発のチャートにおいて、性能・品質・機能を、「性能」と一言に省略して記載。

　これらの複雑な相関関係の組合せにも、理論的には必ず最適なスポットがあります。しかし、方程式では導くことができず、実際にはある部分を固定して、他がどうなるかを見ていくことになります。そして、それを何度も繰り返します。Product-Customers-Fitの仕組みの設計をすることで、個客のニーズと製造・開発のリリースの最適点を探るコミュニケーションをリアルタイムで可能とし、その結果最適点を探し出す可能性を高めることができます。

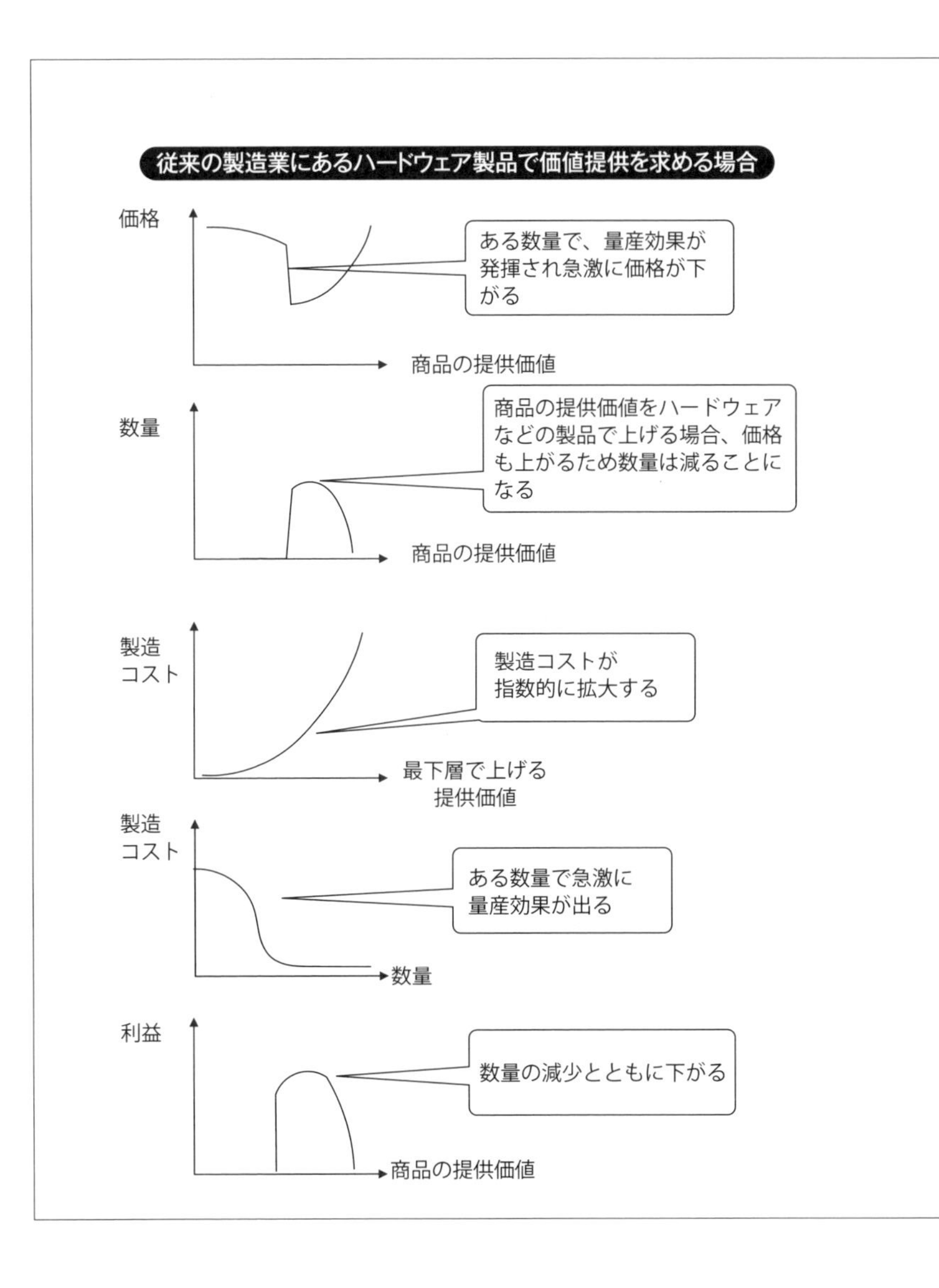
従来の製造業にあるハードウェア製品で価値提供を求める場合
価格
ある数量で、量産効果が発揮され急激に価格が下がる
商品の提供価値
数量
商品の提供価値をハードウェアなどの製品で上げる場合、価格も上がるため数量は減ることになる
商品の提供価値
製造コスト
製造コストが指数的に拡大する
最下層で上げる提供価値
製造コスト
ある数量で急激に量産効果が出る
数量
利益
数量の減少とともに下がる
商品の提供価値

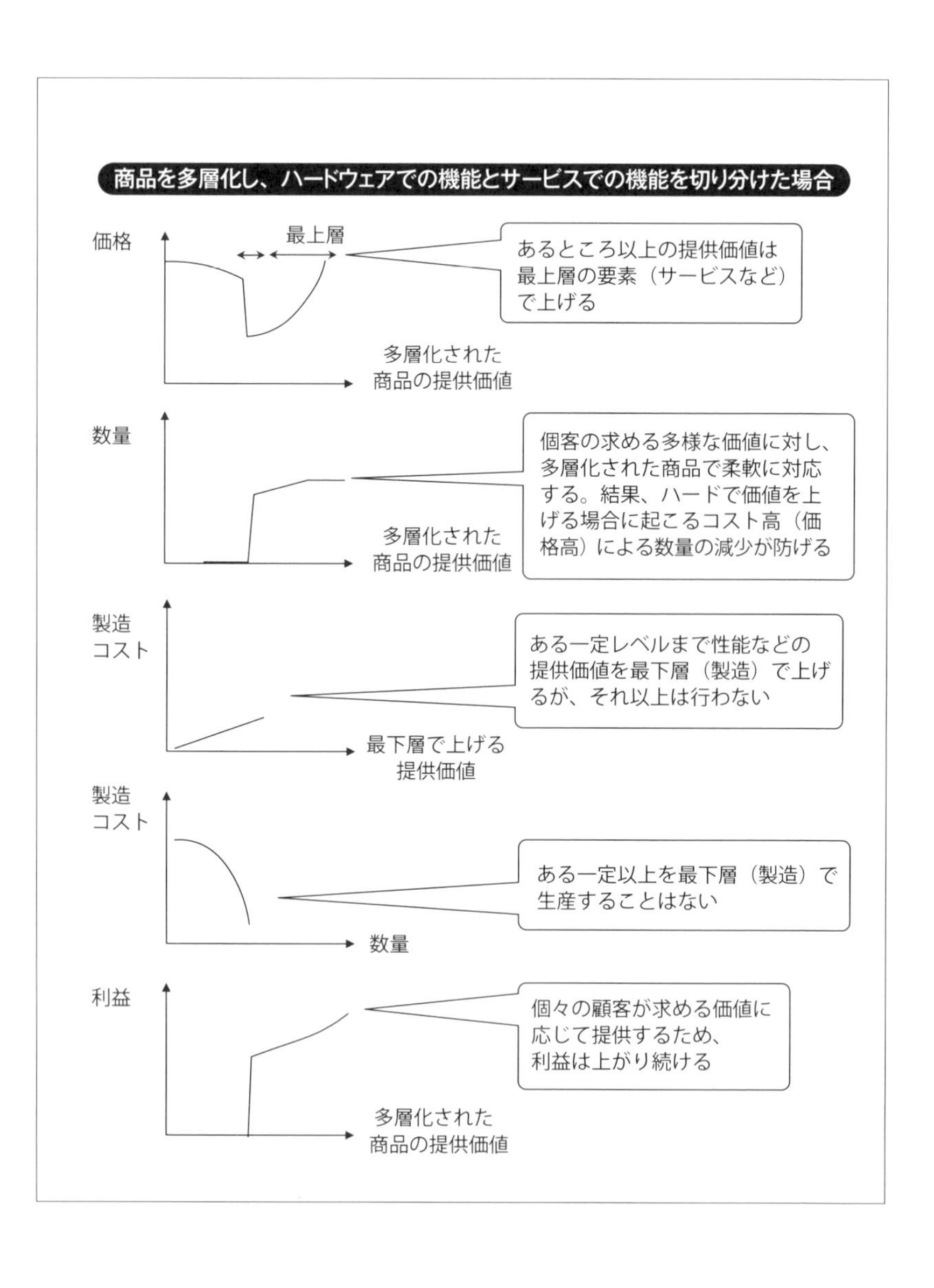

商品を多層化し、ハードウェアでの機能とサービスでの機能を切り分けた場合
価格
最上層
あるところ以上の提供価値は
最上層の要素（サービスなど）
で上げる
多層化された
商品の提供価値
数量
個客の求める多様な価値に対し、
多層化された商品で柔軟に対応
する。結果、ハードで価値を上
げる場合に起こるコスト高（価
格高）による数量の減少が防げる
多層化された
商品の提供価値
製造
コスト
ある一定レベルまで性能などの
提供価値を最下層（製造）で上げ
るが、それ以上は行わない
最下層で上げる
提供価値
製造
コスト
ある一定以上を最下層（製造）で
生産することはない
数量
利益
個々の顧客が求める価値に
応じて提供するため、
利益は上がり続ける
多層化された
商品の提供価値

〈前編：事業編〉

第6章 Product-Customers-Fitの応用

6-1 B2Bへの応用

❖ B2Bにおける3つの事業パターン

これまで、Product-Customers-Fitの概念やその進め方について、消費財、生産財を分けずに述べてきました。また幅広い方に理解いただけるように、消費財を中心として例を挙げてきました。Product-Customers-Fitは、「あったらいいなというニーズ」に対応する手法ゆえ、消費財ではほぼすべてに当てはまりますが、Ｂ２Ｂでは「なくてはならないニーズ」の部分もまだ残っているため、場合分けをして考える必要があるためです。そこで本章では、B2Bのみに焦点を当て、Product-Customers-Fitの効用を述べます。

B2Bの事業は大きく分けて3つあります。1つ目は顧客に設備を提供する事業、2つ目は顧客の製品に使われる部品を提供する事業、3つ目は顧客の生産性向上や売上・利益を上げるための製品・システム・サービスを提供する事業です。この中で、Product-Customers-Fitの手法が当てはまりやすいのは、3つ目の生産性向上や売上・利益を上げる製品・システム・サービスを提供する事業です。1つ目と2つ目は、顧客の数や顧客を自ら選択できるかの度合いによって、当てはまる場合とそうでない場合があります。

❖ 顧客に設備を提供する事業とは

B2Bにおいて、1つ目の顧客に設備を提供する事業は、例えば航空会社に飛行機を提供する航空機業界、半導体工場に設備を提供する半導体装置業界などです。これらの事業は1社当たりの顧客の数が少ない場合が多くあります。

一方、工場にコンプレッサーを提供する、店舗にキッチンを提供する事業などは、比較的顧客数が多いです。顧客数が増えると、設備を提供する事業においても、Product-Customers-Fitが生きる可能性が高くなります。

❖ 顧客の製品に部品を提供する事業とは

２つ目の部品を提供する事業についてですが、自動車部品に見られるように、数社の限られた個客に対して商品を提供している場合は、Product-Customers-Fitはあまり生かせません。しかし、部品を数多くの顧客に提供している場合、あるいは提供しようと考えている場合は、Product-Customers-Fitは生きてきます。

電子部品や機械部品などの一部の企業は、多くの個客へ商品を提供しているため、Product-Customers-Fitの手法が当てはまります。また、例えばこれまで自動車部品を２社の顧客だけに提供してきたが、自社の金属加工技術を生かして医療など新たな分野で応用する、また海外も含めて事業を広げるという場合も、Product-Customers-Fitの手法は生かせると考えます。

❖ 生産性や売上・利益を上げる製品・システム・サービスを提供する事業とは

３つ目の生産性を上げる事業については、ほぼすべての事業でProduct-Customers-Fitの手法は生きると考えます。個客が生産性・売上・利益を上げる方法はいろいろあり、ハードウェア、ソフトウェア、サービスすべての会社でこの事業は可能です。また、生産性・売上・利益向上は大きく捉えると「なくてはならないニーズ」ですが、具体的にどこから始め、どう向上させるかは「あったらいいなというニーズ」であり、そのためのサービスは専門知識のある担当者個人への依存が大きくなる分野です。したがって、Product-Customers-Fitの手法がぴったりの事業形態です。

また、社会全体でモノやサービスが溢れる時代ですから、どの企業も生き残るには生産性・売上・利益の向上の新たな知恵が必要で、この3つ目の事業はこれからもますます増えると考えています。

❖ B2Bにおけるビジネスサイクルの短縮化

現在、B2Bのビジネスの事業サイクルはどんどん短くなっています。一つには自動車などの製品のプロダクトサイクルが短くなっていること、もう一つはスマホに代表されるように、プロダクトサイクルが短い製品やサービスの割合が増えていることです。もちろん、石油化学プラント、鉄鋼プラントなどの重厚長大産業のように息の長い産業は今も多くあります。しかし、経済全体の収益や付加価値額から見ると、重厚長大産業の割合はすでにかなり低くなっており、事業サイクルの短い事業がどんどん増えています。今後もその傾向は高まると思います。

さらに近い将来、自動車が電気自動車になり、ソフトウェアが多くの機能を制御するようになると、製品・事業サイクルはますます短くなるでしょう。また同じ傾向が住宅産業に及び、住宅のソフトウェア化が進み、リフォームやアップグレードを前提とした設計になると、経済全体の製品・事業サイクルはますます短くなります。

先に紹介したB2Bの事業パターンのうち、1つ目の「顧客に設備を提供する事業」は、この事業サイクルが速くなることでビジネスの構造に変化が生じると予想します。技術の進歩が早く、事業サイクルが短い時代に、10年で償却することを前提とした設備投資はリスクが大き過ぎます。その結果、工作機械などは、事業サイクルに合わせてより簡易なモノが増えるでしょう。事実、スマホなどではこれまでとは異なる簡易的な工作機械が大量に使われています。また、生産設備がより短いライフサイクルになる傾向は、電気自動車などによりますます広がるでしょう。

❖ 垂直専業から水平分業へ

製品・事業サイクルが速くなると、モジュール化した部品を組み合わせようとする動きが加速し、その結果、部品の標準化が進むことになります。自動車の例で言えば、この部品はこの自動車にしか使えないという部品ではなく、少し変えるだけで、多くの自動車に使える自動車部品を作る方法が一般的になると考えます。これは、パソコンではすでに起こった動きであり、スマホでも起こりつつあります。このように水平分業になると、部品を供給している会社も1社だけに供給する事業では成り立たなくなります。このように潜在顧客数が増え、競争が激しく、変化が大きい背景でProduct-Customers-Fitの手法はますます生きることになります。

6-2 AI・IoTへの応用

❖ IoTやAIが搭載されると商品は自然と多層化する

モノづくりの世界が、IoTやAIによって大きく変化すると言われて数年になります（2018年時点）。モノが単独で販売されず、そこには必ずIoTやAIが付随しているようになれば、Product-Customers-Fitの考えは、当たり前の手法になると見ています。

すでに、IoTやAIを、モノの上に乗せる形で商品化を考えている開発者・企画者にとって、商品はある意味多層化されていることが前提になっているでしょう。例えば、家庭用掃除ロボットにIoTとAIを搭載し、センサーで取得した情報をAIを使って計算し、部屋のレイアウトやどこに何が置いているかを認識して、その部屋に合った最適・最速な掃除の方法を学習するとします。結果、その掃除ロボットは、「ロボットに搭載された学習するＡＩ機能」「学習したデータを使って、さらに学習能力を向上させるクラウド上の学習機能」「ハードウェアとしての掃除機」の３つの層を持つことになります。

この場合、最上層は、センサーからＡＩを使ってレイアウトを更新し学習していく部分です。それにより、個々の部屋に最適な掃除の方法を考え出します。まさに個客一人ひとりへの対応です。それでも掃除時間が長くなるなど、学習が思うようにいかない場合に、その結果がサーバーからクラウドシステムに送られ、クラウド上で他方からも送られた情報を合わせて学習し、ＡＩシステムを改良します。これが最上層から中間層への情報伝達に当たります。さらに、システムでは対応できず、ハードウェアまで変えないといけない場合に、最後に次世代ハードウェアを改良することになります。これが、中間層から最下層への情報伝達です。

❖ ＡＩ時代にも欠かせない、ユーザーと企業における人と人のやりとり

ＩｏＴやＡＩの仕組みにとって鍵となるのは、思うようにいかないときの改善の仕組みです。ＡＩにおいては、掃除機に実装されたＡＩでうまくいかないときに、クラウド上に情報が上げられ、そこで学習が自動的になされるのが改善のサイクルになります。

しかし、この改善のサイクルをＡＩだけで自動化するのは、やはり限界があるでしょう。同時にユーザーと企業のスタッフが会話をする仕組みを入れることで、ＡＩでは捉えられない（センサーが捉えない）新たな課題や感性的な気づきが生まれます。本書後編では、気づきの大切さとそれが起こるメカニズムについて記載していますが、この、人が持つ気づきの力はProduct-Customers-Fitには欠かせない要因です。

ＡＩ・ＩｏＴ化時代には、ＡＩや機械ができる改善と、人を通す改善が並行して行われるようになると考えています。最上層の個客変化の情報を吸い上げて標準化する作業が、ＡＩと人の共同作業になります。そして、ＡＩと人が共同作業をすることで、クラウドなどのシステムだけでなく人の中にも情報が蓄積し、最下層におけるハードウェアやシステムなどへの投資判断に、スムーズにつなげることが可能になります。

❖ ＡＩ・ＩｏＴとProduct-Customers-Fitによる新事業の展開

Product-Customers-Fitの２つ目の効果である「個客とのつながりを生かして中間層のモノやサービスを生み出す手法」についても、ＡＩ・ＩｏＴ化は大きな影響を与えると考えています。

先の「部屋がどんな形状でどんな障害物があるかをマッピングするＡＩ」掃除ロボットを

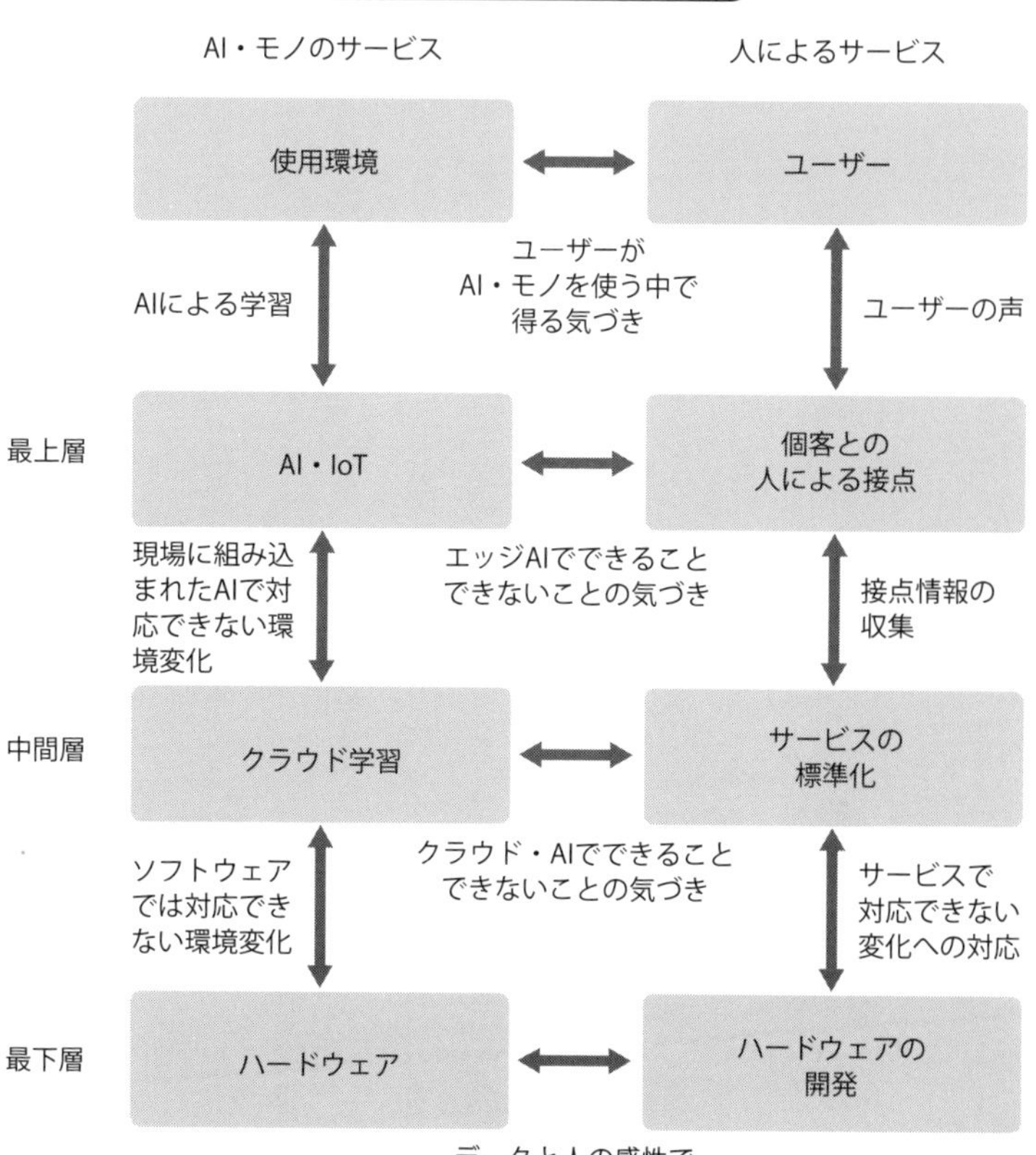
AIと人の協働が新たな価値を生む
AI・モノのサービス
人によるサービス
使用環境
ユーザー
AIによる学習
ユーザーが
AI・モノを使う中で
得る気づき
ユーザーの声
最上層
AI・IoT
個客との
人による接点
現場に組み込
まれたAIで対
応できない環
境変化
エッジAIでできること
できないことの気づき
接点情報の
収集
中間層
クラウド学習
サービスの
標準化
ソフトウェア
では対応でき
ない環境変化
クラウド・AIでできること
できないことの気づき
サービスで
対応できない
変化への対応
最下層
ハードウェア
ハードウェアの
開発
データと人の感性で
見出す気づき

例に取った場合、最上層における個客とのつながりが強固になると、掃除ロボット以外に製品を作ったり掃除という機能以外のサービスを付与したりするなど、中間層における別機能・別サービスへの展開が可能となります。

稚拙な例ですが、部屋のマッピングを使って、お年寄りに最適なレイアウトとモノの配置を、様々なハードウェア商品と合わせて提案するなどの、サービス展開も可能です。

このように、最上層のマッピング機能で独立した価値を持つようになると、そのＡＩ機能だけを作る企業も現れてきます。ＩＢＭがパソコンを作っていた時代に、ＯＳだけを作るマイクロソフトが出てきたように、ハードウェアやロボットのセンシングと制御だけを作る会社も多く出てくるでしょう。

〈前編：事業編〉

第７章　自然の生態系と進化はProduct-Customers-Fitの手本

7-1　Product-Customers-Fitを自然の生態系から学ぶ

❖ Product-Customers-Fitを妨げる固い思考

ここまで読んでいただいた読者の中には、Product-Customers-Fitなど大そうな名前をつけているけれども、「そんなの当たり前のことだ」と感じている方も多いと思います。私たちも、この手法はとても当たり前に感じていますし、実践している優良企業も多いかもしれません。

ただ、同時に、企業業績を上げるために何かをしようとした際に、組織の頭脳に当たる部署がすべてを考え、手足に当たる部署に命令する中央集権的なやり方に頼ろうとする傾向も一方であることは確かです。どちらが賢いか、どちらが効果的かは議論が分かれるところでしょう。

『ブラックスワン』という著書で有名になった、ニコラス・タレブという投資家・認識論の学者は、この論理的な思考をハーバード・ソビエト的思考と呼んで、上手くいかない思考パターンと批評しています。また、起業家であるオリブラフマンが書いた『ヒトデはクモよりなぜ強い』という本の中では、命令系統がはっきりとした、賢い人たちが作ったアメリカの軍隊が、つかみどころのない組織である、テロのネットワーク組織に大変苦戦していたことを例に挙げ、変化の激しい時代に、固い組織が柔らかな組織にかなわない実態を述べています。

❖「あったらいいなというニーズ」に適した組織はネットワーク構造

もちろん、命令系統がはっきりとした組織や戦略を作り、その通りに秩序立てて動く組織は良い組織です。一方で、誰がどこで決めているかがわからず、指揮命令をする人がいなくなっても、別のところで新たな指示系統がすぐに生まれるようなネットワーク型組織は、捉えどころがなく、良い組織とは考えられていないでしょう。

しかし、予測不可能な世界にあって、適応能力が高いのはどちらでしょうか。「なくてはならないニーズ」で先が読めた時代には、命令系統がはっきりした組織、戦略を決めて秩序立てて動く組織は良い組織でした。しかし、先が読めない「あったらいいなというニーズ」の時代において、何をやっているかはわかりにくいものの、変化に柔軟に対応していくネットワーク型の組織がより潰れにくいというのは、ある意味論理的に正しいと思います。そして、このネットワーク型の戦略は、自然界がまさに長い年月生き残るために、取ってきた戦略でもあります。

❖ Product-Customers-Fitに必要な組織を生態系に学ぶ

自然の生態系は、それが細胞内システムであれ、個体の臓器間システムであれ、すべて情報を相互にやりとりする中で全体の秩序を保つ、私たち人間の顕在的な知能ではとても理解できない複雑なシステムで制御されています（その秩序を保っているのも人間の何かの智慧なのですが…）。そしてこの秩序が、相互作用的ネットワーク型であるために、一部が破損されても全体は壊れることなく、環境の変化に強くなっています。

自然界の環境の変化はランダムで予測不可能です。その環境変化に最適に対応していくために、生態系が取った組織が、相互に情報交換をすることで秩序を保つネットワーク型の組織なのです。そして、自然界の一部である人間の行動の集積により出来上がる経済活動も、自然界のランダム性を反映して相当にランダムです。したがって、本来ランダムな経済システムの下で事業を行う企業は、ネットワーク型の組織を持つ方が合理的です。しかし、人間は自らの意識できる脳の理解を超える秩序は受け入れ難いため、どうしても左脳的に経済システムを捉え、その結果、多くの企業が合理的な（ある意味幻想の）経済システムに合うように、合理的な組織を作ろうとしてしまいます。それは、自らの身体の機能ですら数％も理解していない人間の論理脳が考えたシステムであり、生物の一種である人間がランダムに作った経済システムの変化の中では、上手く機能しません。先に挙げたニコラス・タレブの言葉で言えば、この固い企業組織は「脆い」システムなのです。

7-2 ビジネスや企業も進化する

❖ 企業社会全体で見れば機能している生態系

しかし、1つ視点を上げると、この脆い個々の企業が壊れても（倒産しても）、別の企業が現れてその役割を（多くは異なる形で）担い、経済システムは進化していきます。このように企業という単位の１つ上の視点で見ると、とある企業が死んでも経済全体は生き残り、進化していくという考えも成り立ちます

経済活動は、人間のランダムな行動の集積が作り出す自然の生態系ゆえ、人間のコントロールが効かなくなると、自然の生態系の仕組みに変わります。そして、個々の企業の生死を糧にして、経済は進化していきます。

❖ 個々の企業も内部に生態系を取り入れよう

しかし、自らの死が種族全体の進化を支えることがわかったとしても、生命は個体として長生きしたいと欲します。同様に、個々の企業の死が経済全体の活性化につながるとわかっても、個々の企業が長生きしたいと思うのは自然です。

個々の企業が長生きするには、理屈の上では生態系の仕組みを内側に持つしかありません。そして内側に持つ場合、ランダムな変化に対応するため個々の従業員やチームが生死を繰り返すか、あるいは、一人ひとりの行動が常に柔軟に変化するかのどちらかが必要になります。

Product-Customers-Fitの概念は、外部環境のランダム性を前提としています。それが、

多層化された商品の最上層での変化への対応に現れています。しかし同時に基盤となるもの、生命体で言えばＤＮＡのようなものを作る必要もあります。ＤＮＡは事業的なものもあれば、風土的なものもあるでしょう。事業の括りでは、事業の強みとなるコア（基盤）が最下層になります。そして、企業という括りでは、さらにその奥深いところに存在する風土が最下層を構成します。本書の後編では、この風土に焦点を当てて述べるつもりです。

7-3 Product-Customers-Fit の進化

Product-Customers-Fitは、世界はランダムであることを前提とした手法です。そしてそのランダムな外部環境の変化に最上層で対応し、同時に外部の継続的な変化に合わせ、自らを変えて行きます。その一方で、ランダムな外部環境とのつながりを生かし、自らを大きく変えていく機能も持ちます。生態系で言えば、外部環境に合わせて継続的に形態変化を続ける進化の方法と、大きな外部変化にも堪えられるように断続的に突然変異を自ら起こす進化の方法に例えられます。

この2つの方法は、一方が強化されるともう一方の基盤が強化されるという相互依存関係

2つのProduct-Customers-Fitが両輪となって進化する

多層化された商品を
個客ニーズのばらつきと
変化に合わせ進化させる

商品軸

1 つの商品の生涯価値を
最大化する

個客がもたらす
ランダムな世界

最上層：
個客へのサービス

中間層：
サービスの標準化
個々のハード・ソフト製品

最下層：
核となる技術・
システム・仕組み

両方が同時に
展開することで、
商品と顧客の
両方が重なり
合って進化
していく

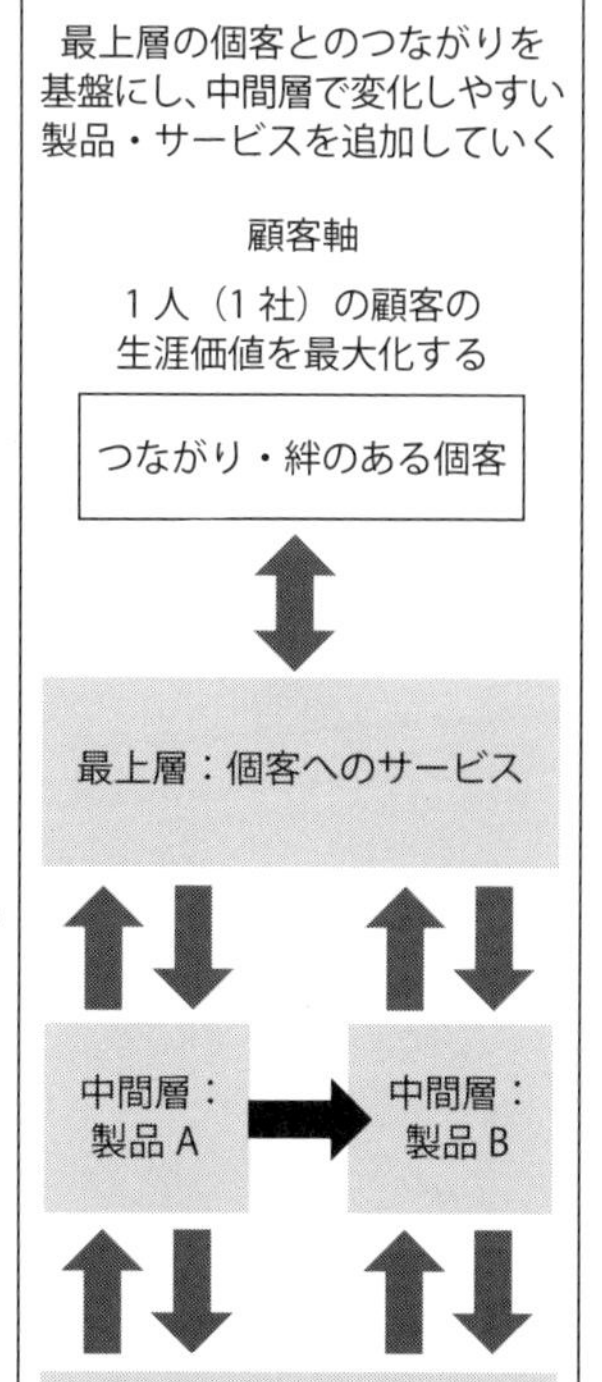

になっています。個客の多様性に合わせてサービスを提供することで個客とのつながりが強まり、それを生かすことで、新たな商品を提供することが可能になります。そして新たな商品を加えることでより多様なサービスを可能とし、それが個客とのさらに強いつながりを促進します。

これは、生物の多様性を保つ仕組みとも似ています。外部環境に対応するように生命体が柔軟に適応することで、一部に突然変異の個体ができた場合でも、その個体が生存できる可能性が高まります。また、突然変異を通してより多様な生命体が生まれることで、外部環境の多様性に対し、さらに強固なつながりを生むことも可能になります。

そして、この多様な生態系ネットワークを支えているのは、地球の風土です。この点でも、風土がProduct-Customers-Fitの最も下の層で支えとなっていることとも共通しています。

私たちは、あまりにも人間の脳を信じて、論理的、合理的に物事を進める癖がありますが、もっと自然の生態系に学ぶことがあるのではないでしょうか。

〈後編：組織・風土編〉

はじめに

筆者の一人である菅原は、キーエンスでの海外勤務を経て帰国後しばらくして、2014年にTHKに入社しました。

THKは一般にはあまり知られていませんが、機械やFA業界では有名な会社で、「LMガイド」という機械の重要部品で世界シェア50％以上を、創業以来40年にわたって維持している会社です。私はそこで事業戦略の命を受け、最初になぜ長期にわたる世界シェアの維持が可能かを解き明かすことに取り組みました。多くの製造や営業現場を見て、幹部の会議に参加し、SFA／CRMを導入して顧客データも集め分析しました。

一方で、会議などを通して営業、製造、開発間の情報のやり取りに、改善の余地があるとも感じていました。既存事業において事業の各機能を強化するのは当然ですが、新たな事業を行う際には、機能別の部署間の情報交流も必須です。そこで、イベントや仕組みを通じて、何か構築できないかと試みたこともありました。しかし、どうも上手くいきません。

「多くの日本企業がグローバルでのシェアを失っていく中で、これだけ高いシェアを維持し続けているのには、何か理由があるに違いない」と思って、いろいろな方の話を聞く中で、ある2つのことに気づくようになってきました。一つは、顧客のクレームや納期対応で一緒に頑張ったことがある人同士は、営業・工場・技術・開発などの部署を越えて戦友のような絆を持っている。もう一つは、顧客に泣かされて辛い思いをしたことが武勇伝であり、一人前になる条件であると考えられていることです。私は、多くのデータや製造・営業の仕組みなど、目に見える部分からは見出せなかった高いシェアを維持し続けている秘密を、そこに見たように思いました。

当時はまだ感覚知でしたが、今回、本書を執筆する中で、THKが顧客のことをとことん大事にするという共通の価値観を抱いていること、またそれが社員の心の奥に深く根づき、従業員同士の絆や敬意も生み出していることが、高シェアを誇る背景にあるとさらに実感するようになりました。

本書では、この「価値観が人と人のつながりの中で深く浸透している様」を、企業風土の定義とします。

風土は、文字通り解釈すると風と土です。「風が吹いて種を土に植え、それが樹木になり、枯葉となって再び土を作る」という、構成要素間のつながりによる生態系を指すと考えてもよいでしょう。
これを組織に当てはめた場合、企業の構成要素である人と人のつながりの中に、その企業が大事にしているものや、共有された価値観が根づいていることを、企業風土と呼んでいいのではないでしょうか。そして、企業風土という観点から見ると、製造業のビジネスモデルが、製品を作って売るという単純なモデルとしてではなく、全く異なるモデルとして見ることができるとことに気づいたのです。

前編で述べたProduct-Customers-Fitはある意味、当たり前の考え方です。ですから「理屈はわかるが、実践は無理」との思いが読者にはよぎるでしょう。したがって、Product-Customers-Fitは理解するのではなく、どう実践するか、その根幹を解き明かすことが大事だと考えています。

後編では、Product-Customers-Fitを実現するには、「気づき」という脳の高度な働きが必須であることから始め、「気づき」を生むコミュニケーションはどうあるべきか、その「気づき」を組織で生み出すために、共有化された価値観はなぜ必要でどのように作用するか、そして最後に、どうやればその価値観を風土として組織に浸透させることができるかということに対して、一つの見方を示しました。

私たちは脳科学者でも心理学者でもありません。したがって、ここで述べる内容は仮説に過ぎません。ただ、私たちは、このような考え方をすることで組織的な気づきを得るためのメカニズムを理解するところができる有効な概念だと考えています。

〈後編：組織・風土編〉

第8章 Product-Customers-Fitに欠かせないパターン認識と気づき

8-1 Product-Customers-Fit になぜ気づきが必要か

❖ Product-Customers-Fit は個客接点から始まる

Product-Customers-Fitは、多層化された商品の最上層の営業やサービスで、個々の顧客に合わせた対応を行い、個客の変化に合わせて自らが変化することがその出発点になっています。したがって、個客の状況をよく知ること、それに対して自分は何ができるかをよく知ること、そして個客の変化の兆しを知ること、その変化が起こっている背景を知ることが必要になります。

そして、最上層で試行錯誤をする中で得られる情報をもとに、中間層、最下層でどれだけの規模の投資を行い、どれだけの長い時間をかけて変化させる必要があるかを判断します。さらに、投資の必要性を判断するには、同時にどのくらいの個々の顧客が変化するかを予測する必要があります。Product-Customers-Fitが成り立つ前提は、個々の顧客との接点で個客の変化の兆しを捉え、先を予測することであり、それがすべての源になっています。

❖個々の顧客の違いを見出すパターン認識

個々の顧客の違いを発見するプロセスは難しくもあり、簡単でもあります。難しい点は、個客の違いを発見する人の、見方自体がばらついているという点です。ある人の性格を3人の人が描写すると、全く異なる描写になることはよくあります。同一人物に対し、Aさんはとても優しいと言い、Bさんはとても冷たいと言う。これは、描写する側に好き嫌いのバイアスがかかっていることが原因の場合もあるでしょうし、たまたまその人が優しい面を見せたときに出会った人と、冷たい面を見せたときに出会った人で、印象が異なったことが原因の場合もあるでしょう。

営業やサービスも同じです。素晴らしいサービスを提供した場合とそうでない場合に、個客は異なる反応をします。しかし同時に、気候や時間帯によって気分のいい個客が多いときと、イライラした個客が多いことが、異なる反応を示す原因の場合もあるでしょう。したがって、ある店舗で10人中3人が不満を言っていて、ある店舗で10人中5人だった場合、それがその店のサービスの問題か、それともその店に来る人の性質や時間帯の傾向による問題かは、一概にはわかりません。

そのためこの問題を回避するには、何かしら状況や視点を標準化できる所があれば、できる限り標準化する必要があります。例えば店舗であれば、内装や店舗の明るさや店員のサービスレベルを統一する。そうすることで初めて、個々の顧客の反応に違いを見出すことが可能になります。

個々の顧客の違いを見出すのにおいて簡単な点は、人の反応は寄せ集めると、意外と傾向が見えてくるという点です。私たちは、自分の意思は自分で決めていると思っていますが、その実、その時々の気分や体調に左右されたり、持って生まれた性格に影響を受けたりしています。それは、意志でコントロールしているようでしていません。外部の刺激に対して、ランダムに自らの反応が出てくる、その人々の反応の積み重ねが経済活動を形作っています。

一人の人と向かい合っている場合は、その人の個別の傾向に感じることも、数が増えて統計的になればなるほど、一つの現象として浮かび上がってきます。大事なのは、統計的な現象があるということは、同じ事象が同じ確率で、再び起こるということです。

私は、できる営業マンやビジネスマンは、この複雑な統計パターンを長年かけて無意識に理解し、それをもとに様々な判断をしている人だと考えています。営業であれば、「こうしたタイプの人だったら、このような言い方をしたらこんな反応をする」というのが染みついていますし、経営者であれば、「こういう状況のときに、こんな判断をするとうまくいかない」ということが直観でわかっています。

❖パターン認識から「個客が変化した」という気づきが生まれる

こうして多くの例から個々の顧客のパターーン認識がなされると、そのパターン認識と異なる出来事が出てきた場合に、「おやっ」という感覚が生まれます。本書ではこの「おやっ」という感覚を「気づき」と呼びます。この「おやっ」という「気づき」の感覚は、非常に強いものもあれば、すぐに忘れ去られる弱いものもあります。

もし営業担当が、商品を売ることにおいてのみプレッシャーがかかっていた場合、「おやっ」と気づいた変化が出ていたとしても、その変化が商品を販売することには関係ないと感じたら、すぐに忘れてしまいます。しかし、もし営業担当が新規事業の立案にも参画していたら、「おやっ」と気づいた変化を、販売とは関係なくとも記憶にとどめるでしょう。この差はわずかな差です。両方の場合において、変化には無意識下で気づいているのですが、一方は目的意識があって記憶にとどめ、もう一方は目的意識がないため記憶から抜けてしまう。私たちはこの差こそが、事業運営にとって決定的な差になると考えています。

❖個客変化の規模を知る

個々の顧客にとある変化が起こった場合、例えばある顧客が急に厳しい納期を要求してきた場合、発生頻度が少なければ、発注時期の確認や社内での受注・出荷手続きを早めることで対応可能です。これは、多層化された商品で言えば、最上層のサービスで対応している状態です。

しかし、一定の限界を超えると、最上層のサービスでは対応しきれなくなります。その場合でも１００社中１社の出来事であれば、何らかの特殊要因として受注を諦めることもできますが、１００社中10社が今の納期で満足しなくなった場合は、個別対応を超えた手当が必要になります。こうして中間層である物流システムの変更という、投資と時間がかかる施策を決断することになります。

❖ 個客変化の背景を探る

このように100社中10社で変化が発生したとき、何がその背景で起こっているのか、その100社に影響を及ぼしている共通した事象が背後にあるかどうかを知ることは、中間層における投資の判断に大変重要です。その背景で起こっていることを知るには、これまで現場で培った経験と、その10社の方が言った一言ひとことが重要な情報源になります。そして背後にある状況を推察し、仮説を立て、その10社に改めて問いかけることで初めて、背後にある何かに気づくことができます。

さらに、理想的には、100社中10社に変化が訪れるという大きな現象になる前に、変化の兆しに気づき、その背景を探ることが大事です。「100社にたった1社の変化だが、あれほど紳士的な会社が納期をこれだけ要求するのだから、背後に何かあるに違いない」と考え、その一社の変化の背後に迫っていきます。このような目的意識を持った探究心が、気づきをもたらす動機となります。

本章では、この気づきが起こるために必要な脳のパターン認識と、それによって起こる気づきとはそもそも何であるかについて述べます。

8-2 高次脳の役割はパターン認識

❖論理的思考は高次脳ではない？

ＡＩの一種であるディィープラーニングが一般に理解されるにつれ、人の脳の働きについても知られるようになってきました。例えば、グーグルは猫の画像をディィープラーニングを使って解析し、猫の特徴を取り出して、猫と豹を区別します。しかし、コンピューターが何をもって猫の特徴を見出しているのか、どうやって猫と判断しているかはわかっていません。

これまでコンピュータープログラムは、人間が人間自身の認識プロセスを分解し、それをコンピューター上に反映させてきました。猫の例で言えば、その特徴を輪郭、ヒゲなどで分類し、それに合致した画像を抽出するという方法です。

しかし、その作業は大変です。多くの人は猫を猫として認識できるのに、「なぜ猫とわかるのかを説明しろ」と言われるとできません。でも、説明できなくても猫だと認識できています。したがって、人間は意識していないところで、かなり高度な情報認識プロセスを行っています。

現在、人間が無意識にやっていることがコンピューターでできるようになったことで、AIが再びブームになっています。しかし、これは何も人間の脳を超えた何かをコンピューターがしたのではなく、人間が当たり前に行っていることをコンピューターで実現しただけです(もちろんコンピューターの方が、計算が速く容量が多いので、その処理速度と容量の差で、囲碁のように人間を圧倒することはあります)。

このように、人の脳は非常に高度な判別と判断をしているにもかかわらず、説明しようとするとできない働きがかなり多く存在します。これは、一般的に潜在知、暗黙知などと言われる部分です。本書ではこの脳の役割を「高次脳」と呼び、より高い処理ができる高次な脳として、意識下で論理的な処理をする脳と区別します。

AIが暗黙知(高次脳)の処理と、同じような処理ができるようになったことが大きな進歩と言われているくらいですから、暗黙知=高い次元の脳と言っても差し支えないでしょう。一方で、私たちが普段脳の役割として意識している部分を、「論理脳」と本書では表現することにします。

❖パターン認識は高次脳が行う

高次脳は、猫と豹の区別や人の顔の区別だけでなく、五感で感じるすべての事柄のパターンを認識しています。また、それが良い結果をもたらすか悪い結果をもたらすかということも、関連して記憶しています。

また、パターン認識は非常にあいまいな概念の分類も行います。例えば、人柄や性格は極めてあいまいな分類です。一人ひとりの言葉や声色、表情といった情報、他の人と仲が良い・悪いといった相関関係の情報、その人の行動を見たときの自分自身の心理状態、それらを総合して判断して分類します。

さらに高次脳は、ある人柄の人がどのような行動を起こし、どのように自分に影響を与えようとしているという予測や、そのとき自分はどうすればよいかといった対応も、無意識のうちに考えます。いわゆる「直観」と呼ばれるもので、とても今のＡＩではできない領域です。そして、直観的な判断を脳がどのように処理しているのかを、言語化・概念化・論理化して他人にそのまま伝えることはできません。いったん論理脳を通り、言語化して伝えることが必要になります。

一見、言語化・概念化・論理化は「頭が良い」ことだと思われがちですが、実際に「わかっている」のは無意識の高次脳です。直観的にわかっているのに、伝えられないことはよくあります。これは、以心伝心や、「背中を見て覚えろ」などと昔から言われていることを指すのでしょう。人は、使っている脳の大半を言語化・概念化・論理化して表現できていな

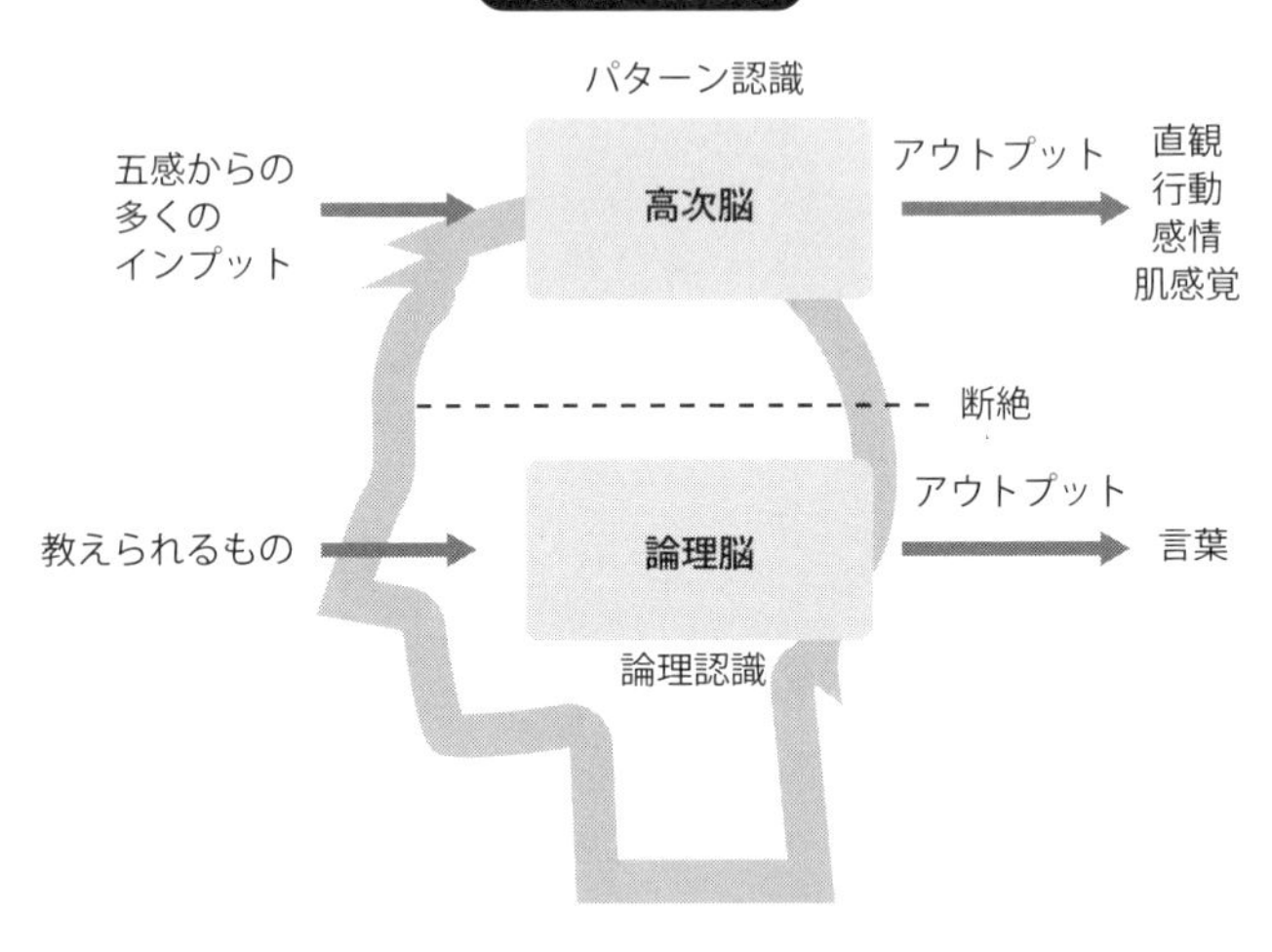

いだけで、実際は「わかっている」ことが多いのです。

❖ 高次脳のパターン認識は言葉にするとチープになる

いわゆる「頭が良い」という表現を、「言語化・概念化して論理的に表現する力」ではなく、「高次脳で理解した現象のパターン認識」として見ると、様々な現象が違って見えてきます。高次脳における「五感情報からのパターン認識」は誰もが行っていることです。何かを見て美しいと感じたり、人の言動を聞いて何かが違うと感じたりする感性も、この高次脳です。

また、「何となく違う」と感じる違和感も、高次脳の機能です。パターン認識はある意味、人間が生きて行く上で必須の機能です。

一方、パターン認識で感じたものを無理に言葉にしようとすると、「チープに感じる」ことがよくあります。その代表が、美しさの表現です。美しさは、五感で捉えた何らかのパターンに、美としての喜びを感じている状態です。しかし、人は美しさを感じることができても、説明することはなかなかできません。それをあえて言語化すると、とてもチープに感じます。

また、何か良いアイデアを思いついて、それを他人に伝えた際に、相手に簡潔にまとめられると「いや、そんなんじゃない」と思うこともしばしばあります。これは、膨大な量であった高次脳の情報を、言葉によって断片化し、非常に少ない情報量に転化するために起こる現象でしょう。

余談になりますが、俳句は目の前に広がる動的な景色に、感情的な要素を加えた膨大な感性情報を、詠み手がたった5・7・5の情報量に圧縮するものです。しかし別の見方をすると、俳句の聞き手が自分の中にすでに持っている映像や音などの五感情報と、5・7・5の言葉が喚起する情報を重ね合わせ、再び膨大な感性情報に戻すプロセスとも捉えられます。こうして見ると、俳句は膨大な五感情報を圧縮し、17文字の情報にして伝達する極めて特殊なコミュニケーション手法とも言えます。また同じ言葉でも、コピーライティングは感情を圧縮して、受け手の高次脳で再生させる、直接感情に紐づける伝達手法とも言えます。

❖ パターン認識を言語化して整理するリスク

一般的に認識されているように、「頭が良い」ことを、言語化・概念化・論理化することと捉えると、物事はすべて整理して簡潔にまとめることが必要だと考えるようになります。そして、ビジネス界でもそのような方法が良いと思われています。しかし、「頭が良い」ことを高次脳の働きと捉え、パターン認識には多くの情報が必要だと考えると、整理するという行為は逆にその情報量を劇的に減少させる行為となります。

しかし、整理せずに伝えることは簡単ではありません。整理せずに相手に伝えようとすると、どうしてもあいまいな表現になります。ですので、聞き手との関係の信頼や共感が重要になります。また、聞き手はあいまいな話を受け止めて、しっかり理解する努力が必要になります。メールやメッセージだけでなく、電話や会って話をすることの意味は、このパターン認識された暗黙知的なことを伝えることにあります。

しかし、実際のビジネスの場ではスピードが重視され、全く逆の方向へとどんどん進んでいます。例えば、報告を定型フォーマットで手短に行ったり、システムを導入しそこでの連絡に切り替えたり、メールで済むものはすべてメールで済ましたりしています。

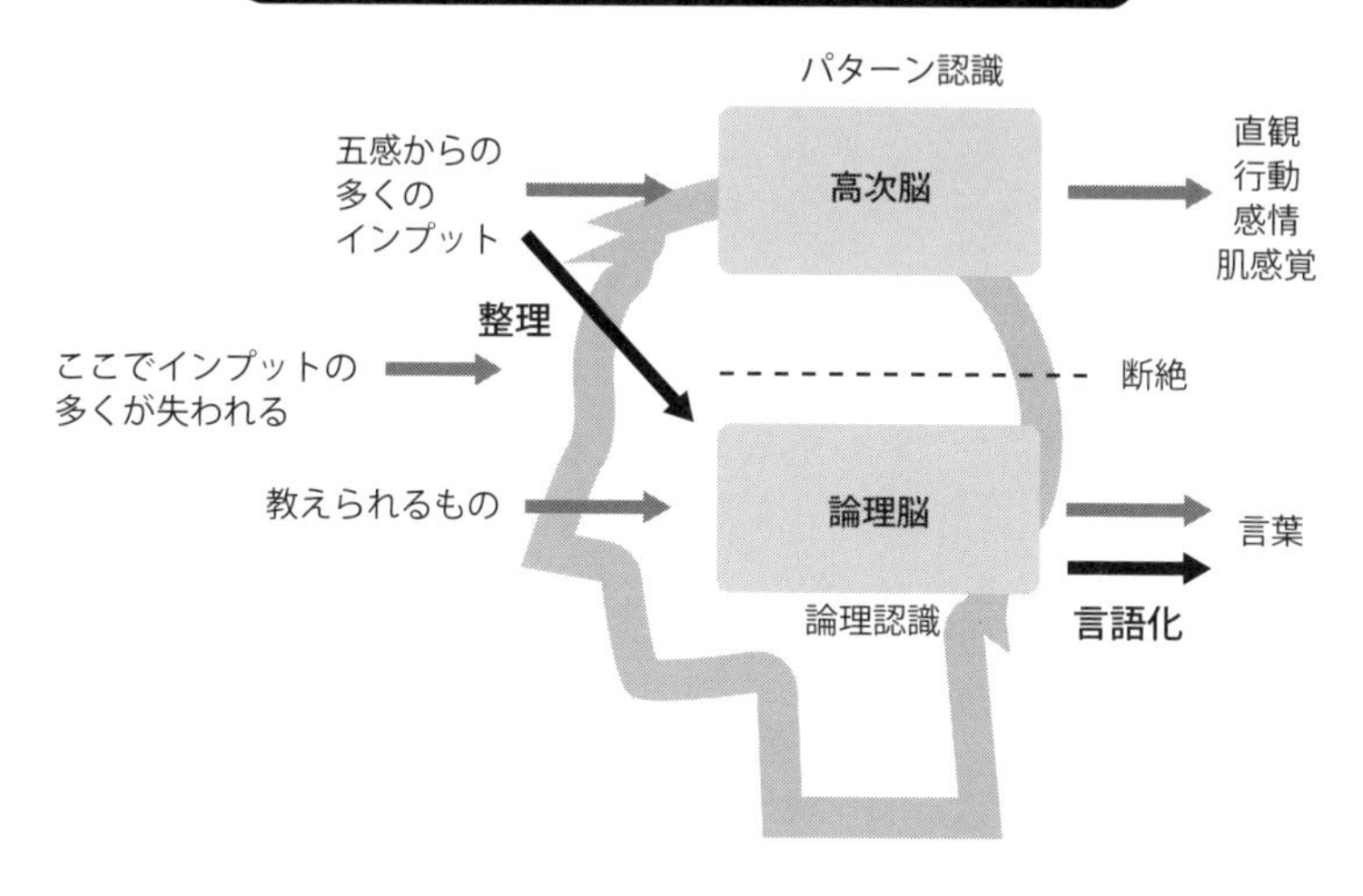

　これらは、効率化という意味では正しいですが、それによって大切な情報が大きく欠落していくことは間違いありません。例えば、営業がこれまで口頭で報告していた内容を、ＳＦＡ（営業活動を記録するシステム）を導入し定型化したフォーマットに入力するようになると、口頭で伝えていた高揚感や感覚的な内容が、全く伝わらなくなります（もちろん、もともと営業の口頭での報告がなかった場合には、ＳＦＡの導入効果は高いですが）。

　このように考えると、情報をありのままに捉えて整理しないことが、高次脳の情報処理にとって大変重要になります。

8-3 気づきとは何か

❖ 気づきの定義

「気づき」という言葉には非常に深い意味があり、辞書の定義もクリアではありません。インターネットで検索すると、「それまで見落としていた問題点に気づくこと」と、「気づき」の定義に「気づく」が使われていたり、「行動の意図的なコントロールのために、ある情報に直接アクセスできる状態」と、「直接アクセスする」という意味があいまいなまま定義されていたり、また「英語のAwarenessの訳語」など、他の言語を用いて説明されたりしています（英語のAwarenessも、かなり広範囲の意味を持つ言葉です）。このように、「気づき」という言葉ほど、普段から使われている言葉で、定義があいまいな言葉はないのではないでしょうか。

本書では、「気づき」をこう定義します。「高次脳でわかっていた事柄を、論理脳を通して情報として取り出すこと」です。高次脳の機能を「パターン認識」とすると、パターン認識していた猫と豹の違いが「ああ、ここか！」と発見するような感覚です。俳句に書かれた17

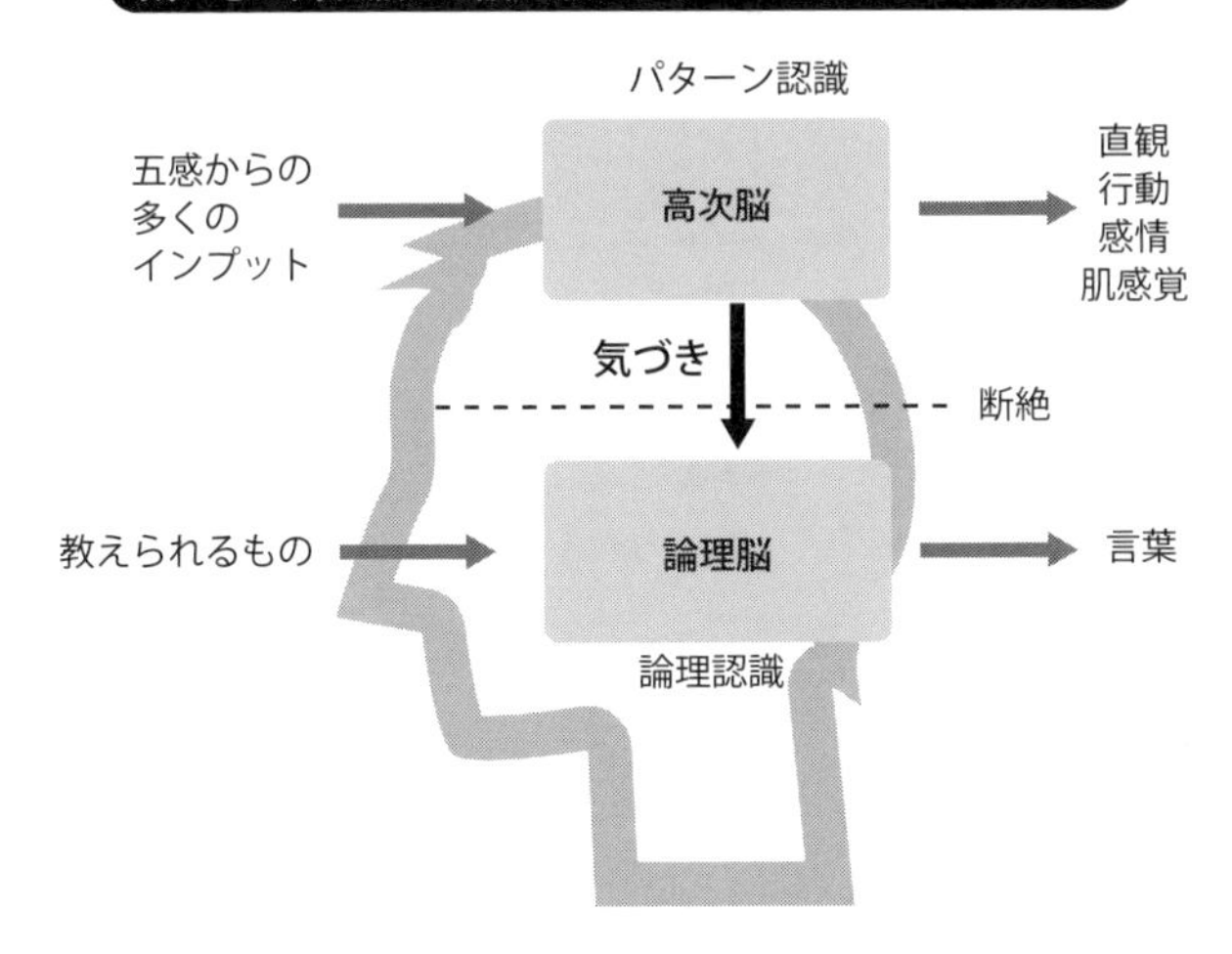

文字から後ろにあるイメージが、忽然と浮かぶのも同じです。

五感のパターン認識から来る何らかの違和感を、高次脳は見出していたものの、論理脳は取り出せていないため問題として認識していなかったことが、あるとき何かのきっかけで、論理脳でその違和感に気づくことがあります。この場合も、高次脳はその違和感を認識していたのですが、問題意識が高まるまでは、意識下の論理脳では気づかなかったと考えます。

営業で言えば、お客さんにＰＲしたのになぜか上手く行かず、なぜだろうと思っていると、ふっとシャワーを浴びているときなどに、「あっ」とその理由がわかる感覚です。

論理脳では認識できない働きが高次脳で起

こっていて、そこへ論理脳がアクセスされたときに「気づく」。これを辞書では、「直接アクセスできる」と表現しているのでしょう。

❖ 気づき・直観・思いつきの違いとは

気づきに近い言葉として、直観や思いつきがあります。直観はポジティブな意味で使われることが多い用語ですが、思いつきはネガティブな使われ方が多いです。これらの直観、思いつきも先の気づきと同様、高次脳からの論理脳へのアクセスです。ではポジティブな直観と、ネガティブな思いつきの差は何でしょう。

まず、ポジティブとネガティブの意味ですが、これは気づきがあった後に行動を起こした結果が、良かったか悪かったかで定義されます。では、なぜ気づきの後にとった行動の結果に差があるのでしょうか。ここでは、その答えを2つに分けて考えます。1つ目は、高次脳のパターン認識の精度。2つ目は、気づきをアクションにつなげるときの精度です。

パターン認識の精度については、ＡＩによる囲碁や将棋が良い例です。強い棋士は数多くの盤面の状況をパターン認識しています。ＡＩで一躍有名になったアルファ碁も、膨大な過去の対局をコンピューターに覚えさせています。この情報量の差が、パターン認識の精度を決めます。

２つ目の、気づきをアクションに置き換えるときの精度は、アクションをした結果がどうだったかという学習に依存します。気づきからアクションを生み出し、そのアクションを実行して成功・失敗する。そこから、さらなる気づきを得る。この繰り返しが、気づきをアクションにつなげる部分の精度を上げます。

こう考えると、気づきの精度はまさに経験の賜物とも言えます。それも、成功や失敗を多くしてきた経験です。多くの成功・失敗の経験をしている人が良い人材と言われるのも、このパターン認識の精度と行動の精度が高いからでしょう。そして、成功・失敗を多く経験してきた人の気づきは「直観」とポジティブに言われ、成功・失敗の経験の少ない人の気づきは「思いつき」とネガティブに言われるのでしょう。

また、気づきのプロセスには、「感情の強さ」が大きな役割を果たしています。必死になって考え抜いた後に行動すると、気づきは得られやすいですが、負けてもいいやと思うと、気づきを得るチャンスは少なくなります。これは、一つひとつの経験によるパターン認識が、高次脳に焼きつけられる強さに、大きな差があるからでしょう。

このように、気づきを起こすもう一つの大事な点は感情であり、そして感情をもたらす目的や思いです。同じパターン認識をしていても、何かを見つけようとしなければ、目の前のずれに気づくことはありません。何らかの気づきを得るという目的や思いを高次脳の中にインプットすることで、高次脳でのパターン認識と目の前の事象とのずれが、その目的や思いに応じて論理脳に降りてくる。したがって寝食を忘れて没頭したり、何日も考え込んだりした後に、ふっと気づきが舞い降りてくるのです。

❖天才性も、パターンからのずれとしての気づき

誰もが想像つかないようなアイデアは、天才の頭脳から生まれてきます。ただ、この天才のプロセスも、見方を変えればある分野を集中的に極めた人が、その中で「おやっ」と思うずれや違和感を見出し、そこに気づきが生じているプロセスとも言えます。

また、技術者が寝食を忘れて開発に没頭し、その後に「おやっ」と気づく、専門用語で「セレンディピティ」という現象も、気づきの一種と考えます。これらは、パターン認識がとことんまでなされた後に起こる、ずれや違和感の気づきです。

天才と言われる人は、幼少期からあることに没頭しているがゆえに、特定の分野にパターン認識を多く持つ人とも考えられます。こう考えると、生まれつきの天才だけが創造性を持っているのではなく、この気づきのプロセスから来る創造性は、誰にでもあるものと言えます。

一方、ビジネスの天才は一見、一つのことを極めているわけではないように見えますが、

同じパターンを繰り返すことで特定の気づきを得る

同じ刺激を受け続けることで
高次脳にパターンを構築する

これまでと異なるインプットが
あった際に気づきが生まれる

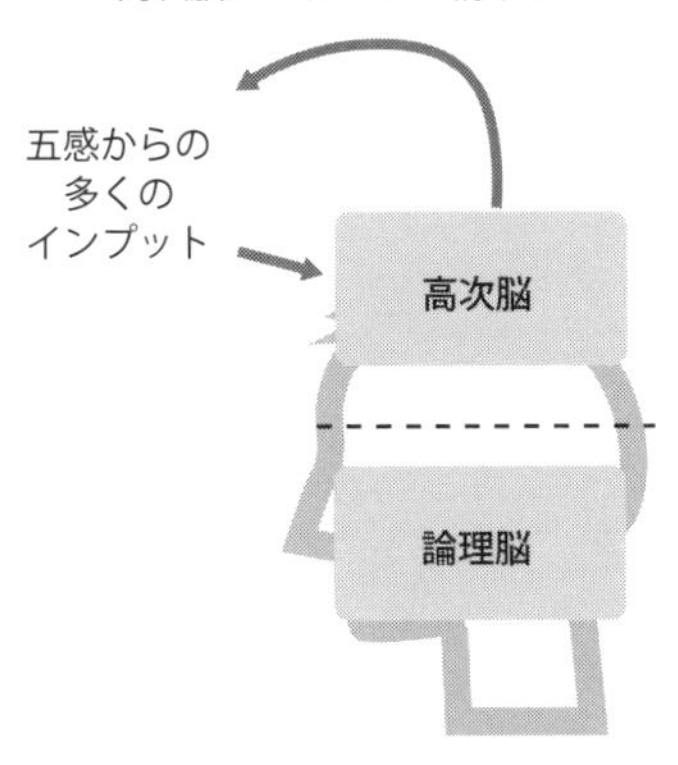

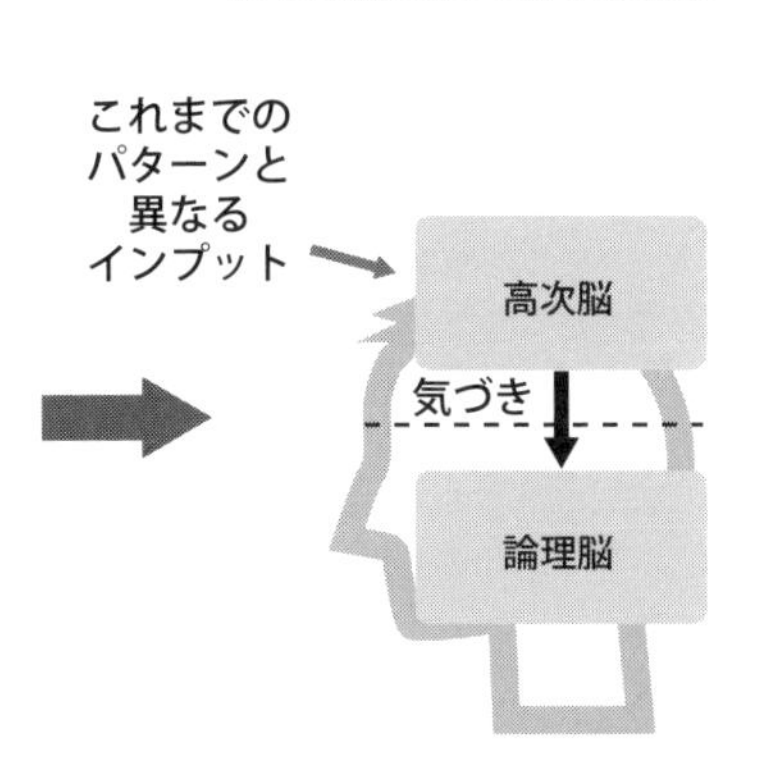

実際は世の中の経済的な動きに敏感で、その動きをずっと観察してパターン認識し、その中でずれを見つけ、「おやっ」と思う気づきを生み出している人たちと言えます。ビジネスの天才はその気づきをもとに、起業をしたり投資をしたりします。これも一種の創造と言えます。

❖経験から得られる気づき、得られない気づき

このように必死になって得た成功・失敗の経験は、パターン認識と行動の精度を高めます。結果、経験が豊富な人の直観が当たりやすくなります。同じ業種で長年やってきた人のパターン認識は、研ぎ澄まされていくためです。しかしもう一方では、今の情報化の時代においてあらゆることが多様化し、これまでのパターン認識では物事が捉えきれなくなってきている状況

もあります。したがって、社会で起きている事象に対し、経験値だけのパターン認識では通じないと感じる方が増えているのも事実でしょう。

経験豊富な人が正しい直感を得るには、変化しているものとしていないものをしっかりと区別することが大事です。

人の1日24時間の使い方は、20年前と今では大きく変化しています。また、知識の獲得方法やコミュニケーションの手法は、インターネットとスマホの普及で劇的に変わりました。その意味で、昔の人の行動パターンをもとにしたパターン認識は外れることが多いでしょう。

しかし一方で、人間の感情やそこから来る行動のパターンは変化が少ないです。歴史から学べと言われていることの大半は、この人間の感情とそこから来る行動パターンです。2000年前のローマの歴史からも学べるくらい、人の感情とそこから来る行動パターンは変わっていません。この感情と人の行動パターンは、変化の激しい時代にも経験が生きる部分だと考えます。

8-4 気づきを阻む罠

❖ わかりやすさの罠

気づきを生み出す元となるのは、高次脳で行われるパターン認識です。パターン認識をするにはまず、複雑な因果を持つ情報を、ありのまま高次脳にインプットすることが必要です。例えば、小説を読んでいて気がつくと時間を忘れて読み終わっていた、ということがあると思います。この没頭している状態が、複雑な情報をありのまま高次脳にインプットしている状態です。一方、線を引いて教科書や参考書を読んでいるときは、ありのままの情報が高次脳にインプットされていない状態になります。

しかし実際には、そう簡単に没頭して情報をありのままにインプットできる状態にはなれません。そのため、情報がありのまま脳に入らないがゆえに、情報をシンプルにわかりやすくしようとする傾向があります。さらにシンプルにするために、情報に簡単な用語のラベルを貼ることもよくあります。人は、かいつまんだ特徴だけを見たり、大雑把に分類したりするわかりやすい状態が大好きです。

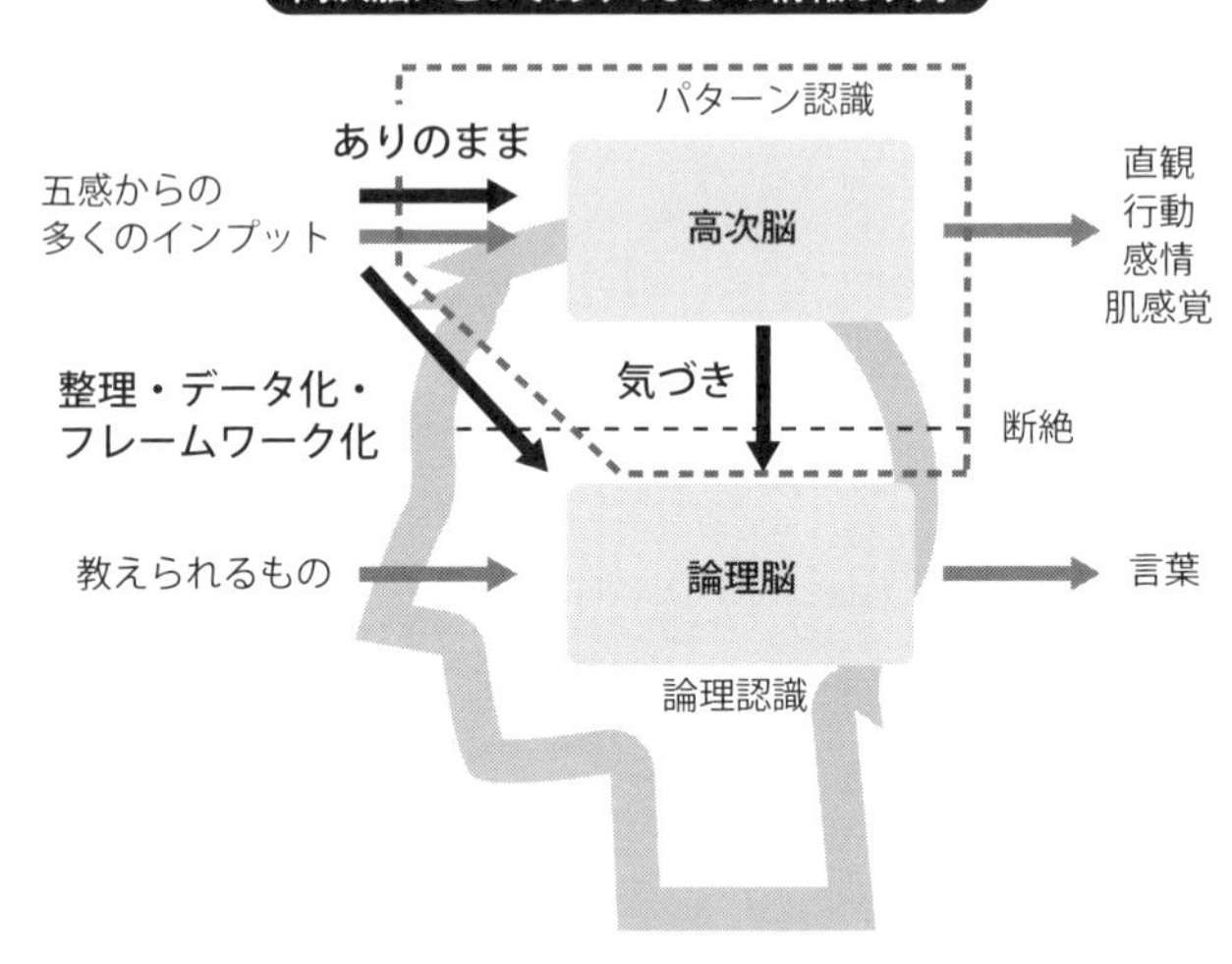

典型的な例の一つは血液型占いです。人の性格は非常に複雑です。人がその時々で起こす行動パターンは、多くの環境や心境の因果関係によって出た結果の集積です。このように、複雑な因果の情報の集まりを、性格という抽象概念でまとめることだけでも多くの情報が失われます。さらに、血液型によってそれを大きく4つに分類するのはかなり無茶な話で、その人に関わるほとんどの情報がなくなってしまいます。

しかし、複雑な人の性格を理解するのは手間がかかりますから、ある人の血液型を知ってしまうと、「この人はB型だから我が道を行く人なんだ」と見てしまうことがあります。いわゆるステレオタイプで、これがわかりやすさの罠です。血液型以外にも、「中国はこういう国」とか、「政治家はこういうタイプの人間」というのも同じです。本来のありのままの観察から来る情報が、わかりやすさの罠で失われます。

また、海外旅行に行って理解しづらい出来事に出くわすと、過去の事例に照らし合わせて納得することもよくあります。例えば、中国に出張に行って、目をキラキラさせて一生懸命頑張っている若者を見て、「ああ、高度成長時代の日本と同じだな」と考えます。でも実際は、当時と今では工業化時代と情報化時代で異なり、戦後復興を目指した日本と、世界のリーダーを目指す中国の立ち位置も異なります。しかし、「高度成長時代の日本と同じ」と見てしまいたくなるのは、同じくわかりやすさの罠と言えます。

複雑なビジネス環境においても同じで、どこからどう理解してよいかわからないということはたびたび起こります。その際に、「あのとき起こった現象と同じ」「他社の例と同じ」と連想しながら理解します。しかし、それは今回しかない固有の複雑な現象を、過去の現象と重ねることで見落とすリスクをはらんでいます。

❖ データ・数値化の罠

ビジネスにおいて、データや数値化が重要なことは言うまでもありません。ただ数字だけに頼ると、見落とすことが多くなるのも事実です。

数字には誤差が含まれますが、それを掛け合わせると、さらに膨大な誤差になります。例えば、全体の市場規模と目標シェアから新商品の目標金額を定める際、全体市場規模が30億円、目標シェアが20％とすると、6億円の売上目標になります。しかし、実際は全体市場規模が30億円±20％、シェアが20％±10％の誤差を含んでいる場合、それを掛け合わせると、新商品売上目標は、市場規模の最大36億円に、市場予測の最大シェア30％を乗じた11億円から、最小市場規模の24億円に、最小シェア10％を乗じた2・4億円までと、実に5倍近い開きになります。

実際のビジネス現場では多くの数字を扱うため、その誤差の範囲を理解しながら数字を見ることはあまりやっていません。その結果、数字が一人歩きして、その数字を出した複雑なプロセスや現場の背景に目が行かなくなり、ありのままの情報を見落とすことがしばしばあります。

❖ 報告の罠

ビジネスにおいてわかりやすさの罠は、報告時に特に顕著に現れます。ピラミッド型の組織の場合、経営層に近ければ近いほど多忙になります。すると必然的に、手短に状況をつかもうとして、相手に手短に話すことを求めてしまいます。レポートを読む時間も限られるので簡潔さを求めます。その結果、時間がかかる報告やわかりにくいレポートはダメだというレッテルが貼られます。こうして、わかりやすく簡潔な報告がどんどん求められ、重要かもしれないありのままの情報が削ぎ落とされます。

もちろん、簡潔にする効用が大きい場合も多々あります。簡潔さが魅力の俳句のように、いったん簡潔に圧縮されてもまた元の情報量に復元されるような場合は、非常に良い報告です。ただ、そのような報告ができるのはよほど密にコミュニケーションをとっている人同士でしょうから、ほとんどの場合は簡潔な報告によって失われる情報は多いことになります。

❖フレームワークの罠

わかりやすさと報告の罠の最も象徴的な形が、フレームワークです。フレームワークを使って図表で表すと、あたかもその通りだと感じます。これを米国の経営学で学んだビジネスコンサルタントが使うと、あたかもビジネスで起こっていることを見事に表現しているように感じられます。しかし、フレームワークは、もともとが複雑なビジネスを簡単に表現するためのツールとして作られていますから、現場で複雑さと対峙している人たちがそのフレームワークを使うと、ほとんどの情報を失うことになります。

❖ 常識がもたらす3つの罠

気づきを起こすきっかけを失わせるものの中には、なぜか常識的に良いと思われていたり、本当は違うのに正しいとされていたりする「思い込み」が多くあります。ここでは、よくある3つの常識を紹介します。

1つ目は「答えはどこかにある」という常識です。多くの人は、何か問題や課題に直面すると、すぐ外に答えを見つけようとします。おそらく、長年の学校教育の方針が影響を与えているのでしょう。小学校から大学まで、正しい答えが存在することを前提に教育されているため、答えを外へ求めていく習慣が残っているのです。

2つ目は「忙しいことは良いこと」という常識です。気づきは、ぼうっとした時間に降りてくることが多いです。俗に3上（馬上、枕上、厠上）と言われます。良い気づきは忙しいと出てきません。しかし、働くという行為は作業をすることと同じとの認識は強く、常識的に「忙しいことは良いこと」と思ってしまっています。

3つ目は「他人や周囲に対する気遣い」です。他人に気遣って頭が固くなると、良い気づきは生まれません。会議で上司の一挙一動に気を遣いながら、深い気づきを得ることはほぼ不可能でしょう。

これら3つは、いずれも意識が外へ向いている状態です。意識が内に向かないと気づきは生まれません。それ以前に、気づきを起こすための目的意識や思いを潜在意識（高次脳）へインプットすることさえもできません。

8-5 もやもやこそが気づきの源泉

❖ 言語化できない、あいまい・もやもやを受け入れる

このように見てくると、結局、あいまいな認識や、もやもやした心境が受け入れられず、その状況から解放されたいという思いが、気づきを失わせる根本的な原因です。

しかし、実際の自然界や、自然界の一部である人間が作る社会や経済は、論理脳が認識できるシンプルなものでなく、ランダムで複雑です。ランダムゆえにあらゆることが確率的に生じ、相互作用の中で複雑・あいまいな状況になります。したがって情報を失わないためには、まずはその複雑さ・あいまいさをそのまま受け入れる覚悟が必要になります。

おそらく教育の影響かと思いますが、私たちはこの世の中には、何か大きな摂理が背後にあると考えています。そして、私たち一般の人々は、その世界の摂理をすでに人類は発見しており、それを自分たちが理解できていないだけと考えがちです。

確かに、数百年前に発見された数学の公式を、多くの人が理解しているわけではありません。しかし同時に、この世の中に起こっている現象の大半を、人類はまだ理解できていないのも事実です。したがって、この世はランダムで複雑であることを認識し、あいまいな世の中をそのまま受け入れることが気づきを得る前提として重要です。

世の中がランダムであいまいだという認識になると、それを認知する私たちの頭の中は、どうしてももやもやしてしまいます。もやもやしている状態は気持ち悪いものです。朝起きて、答えが見つかるかわからないことに対し、毎日格闘するのはとても辛いものです。

今、世の中にある仕事の大半は、行動に対する結果が予想されるものです。自動車を作る仕事は、自動車ができることを前提に行っています。できるかできないかわからないまま、自動車を組み立てているわけではありません。解けるかどうかわからない問題に対処したり、利益が上がるかどうかわからない判断をしたりするような仕事をしている人は一握りでしょう。しかし、ＡＩが発展する中で、結果が予想される仕事はどんどんＡＩに置き換わります。その中で、人が行う仕事や行動は、あいまいな世の中をそのまま受け入れ、常にもやもやした状態で、何か新たな問題や課題に取り組むことが大半になると想像しています。

❖ 誰にでもある気づきの経験

ここまで気づきを障げる原因について多くを述べてきましたが、実際にはその障害を乗り越えて、誰もが気づきの経験を持っています。しかし一方では、気づきだと思っていることの中には、本当は気づきではないことも多くあります。

例えば、セミナーを受けて「そこでの気づきを書きなさい」と言われたときには、特に「これだ」とか「そうか！」とか、「ああ！　なるほど！」といった感覚がないまま、気づきを書くことがあります。こうした無理やり出す気づきは、本書で言う気づきではありません。これは、顕在意識（論理脳）がどこか別のところから持ってきた、感想のコピーです。したがって、書いている本人も面白くないし、読み手も面白くありません。

しかし、日頃からずっと解けないもやもやがあって悩んでいて、来る日も来る日も考えても解けず、あるとき何かのきっかけで体験セミナーを受けて、そこで「これか！」というものが見つかる、これは本書で言う気づきです。そのような経験は誰にでもあるでしょう。

セミナーなどのきっかけがなくても、散歩しているとき、子供と遊んでいるとき、シャワーを浴びているときなど、何のきっかけもないときにふっと浮かんでくることもしばしばです。しかし、それは潜在意識（高次脳）に刻み込まれるほどの思いや目的意識があった場合に、初めて起こるものでもあります。

❖もやもやには時間が必要

私はキーエンス時代、仕事をしていて何かしっくりこないとき、それを経営幹部の方や、長く勤めている先輩の方たちに伝えると、よく「置いておこう」と言われることがありました。私自身は現場で業績責任を負っていましたし、せっかちな性格なので、この「置いておく」ことがよく理解できず、イライラしていたことを覚えています。しかし、置いておくことによって、しばらく時間が経ってからふと解が浮かんできたり、何かの現象から解を見出したりすることがしばしばありました。

それは、業績を上げたい、運営をスムーズにしたいという思いと、実際に起こっている出来事との間に、何かもやもやしたずれを感じ、それに高次脳が気づき、何とか解決したいという強い感情が起こる。そして、それを伝えて解決しようとするが、うまく表現できないため（論理脳に伝わらないため）結果「置いておこう」となる。しかし、すぐに解決されないため、さらにそのもやもやから来る思いは増強されて潜在意識に刻み込まれ、一定の割合で無意識下のパターン認識により意味を持つ情報が積み上がったとき、ふと論理脳にアクセスされる、そういうメカニズムが起こっていたのだと思います。

このことに気づいてから、「いったん心に刻んで置いておく」ことが習慣化されました。置いている間はあまり考えない。むしろ、力んで何かをやろうとしたときの方が、よほど上手くいかないことを経験したのです。ですから「もやもやのまま置いておくと、いずれ気づきが起こる」という脳の作用について、私はかなり確信を持って正しいと考えています。

❖ 気づきに必要な感情と思いの強さ

高次脳のありかである潜在意識に思いを刻み込むには、先に述べたように感情がとても大事な役割を果たしています。私自身の経験でも、目的意識や問題意識は、感情が伴っていなければ深く刻み込まれないと感じています。例えば会社が経営理念や企業ミッションを掲げ、毎日社員同士がその文言を読み合わせたとしても、そこに感情が伴っていなければ深く潜在意識に届くことはないでしょう。むしろ、理念やミッションに共感していなければ、心が自然に抵抗を示し、潜在意識を通して高次脳に刻み込まれないように、逆にブロックしてしまうこともしばしばあると感じます。

また、感情を最も強くポジティブに生み出すのは、その人が持つ思いです。医者になりたいという思いが強いと、自身の病気からでも気づきが得られます。創業したい、会社を経営したいという思いがあれば、多くのビジネス上の失敗からも気づきを得ることができます。

しかし現実には、そのような思いで仕事ができるような、自分に合った企業と巡り会うことは稀で、結果として個人の思いから起こる気づきには限界があります。したがって、組織的に気づきを起こす場合には、社員個人の思いに期待することには限界があります。

一方で、気づきを生み出すために潜在意識に刻む感情は、必ずしもポジティブである必要はありません。例えば、とても悔しい思いをしたとき、大きなトラブルを抱えたとき、それらはポジティブな感情ではありませんが、とても強い感情として刻まれます。こうした強いネガティブな感情が、気づきを生み出すこともしばしばです。職場は楽しい方が良いでしょうが、本当に生産性を上げるためには、楽しいだけでは上手くいかないことも多くあります。プレッシャーを受けることで強い感情が起こり、それが潜在意識（高次脳）に刻み込まれることで気づきを得ることも多々あるでしょう。

❖ 価値観がずれていると上手くいかない

感情の他に、気づきにとって大切なのが価値観です。価値観は、感情や目的を潜在意識に刻み込む際に、取捨選択を行うフィルターの役割を果たします。価値観とは、個々人が持つ善悪や好き嫌いといった基準です。会社がお金儲けのためのアイデアを考えようとしていても、社員が子供時代の経験からお金儲けに嫌悪感を抱いていた場合、出るアイデアは借り物で、潜在意識の深いところから湧き出る気づきを得ることは難しいでしょう。この価値観の働きについては、第10章でさらに深く述べます。

〈後編：組織・風土編〉

第9章 気づきを生む組織を作る

9-1 気づきは会話から生まれる

❖ ビジネスにおける気づきはありのままを伝える会話から生まれる

前章では、気づきの定義に始まり、気づきを阻害するもの、気づきを促すものについて述べました。その中でも気づきを阻害する要因として、情報を整理することを挙げ、あいまいな認識でもやもやした心境になったとしても、ありのままの情報をそのまま受け止めることの大切さを説きました。そして、組織において気づきを生み出す場合、そのありのままの情報を伝える行為がとても大事であることをお伝えしました。本章では、これらをどう組織的に行うかについて述べます。

社内でありのままに情報を伝える際のこつは、現場にいながら、あるいは現場を出て記憶が新しいうちに、情報を会話の形でシェアすることです。

例えば、営業でお客様を訪問した後すぐに上司と会話をすると、営業スタッフが何となく感じていたことを、上司の何気ない質問で思い出すことがあります。「あれ、そんなことを言ったらお客さんは嫌な顔をしなかったか?」「お客さんの『それはもう結構です』という言葉は何か違和感があるけど、その前にどんな話をしていたの?」などと聞かれると、営業スタッフはそのときのお客様の表情を思い出して「どうして嫌な顔をしたのだろう?」「なぜ『結構です』って会話を遮ったのだろう」と自問自答します。そして、お客様の普段の行いや会話時の反応、商談の状況、顧客のビジネス環境などの周辺状況をいろいろと考えて、「あっ」と気づくことが出てきます。

「もしかしたら、中国の景気状況を言ったことで、何か気になることを思い出したのかもしれない」「もしかしたら、そのプロジェクトは別の理由でなくなって、あまり話を進めたくないのかもしれない」「もしかしたら、他の会社で自社商品の悪い評判を聞いたのかもしれない」と気づきます。時にそれは確信ではなく、そうかもしれないといった感覚です。こ

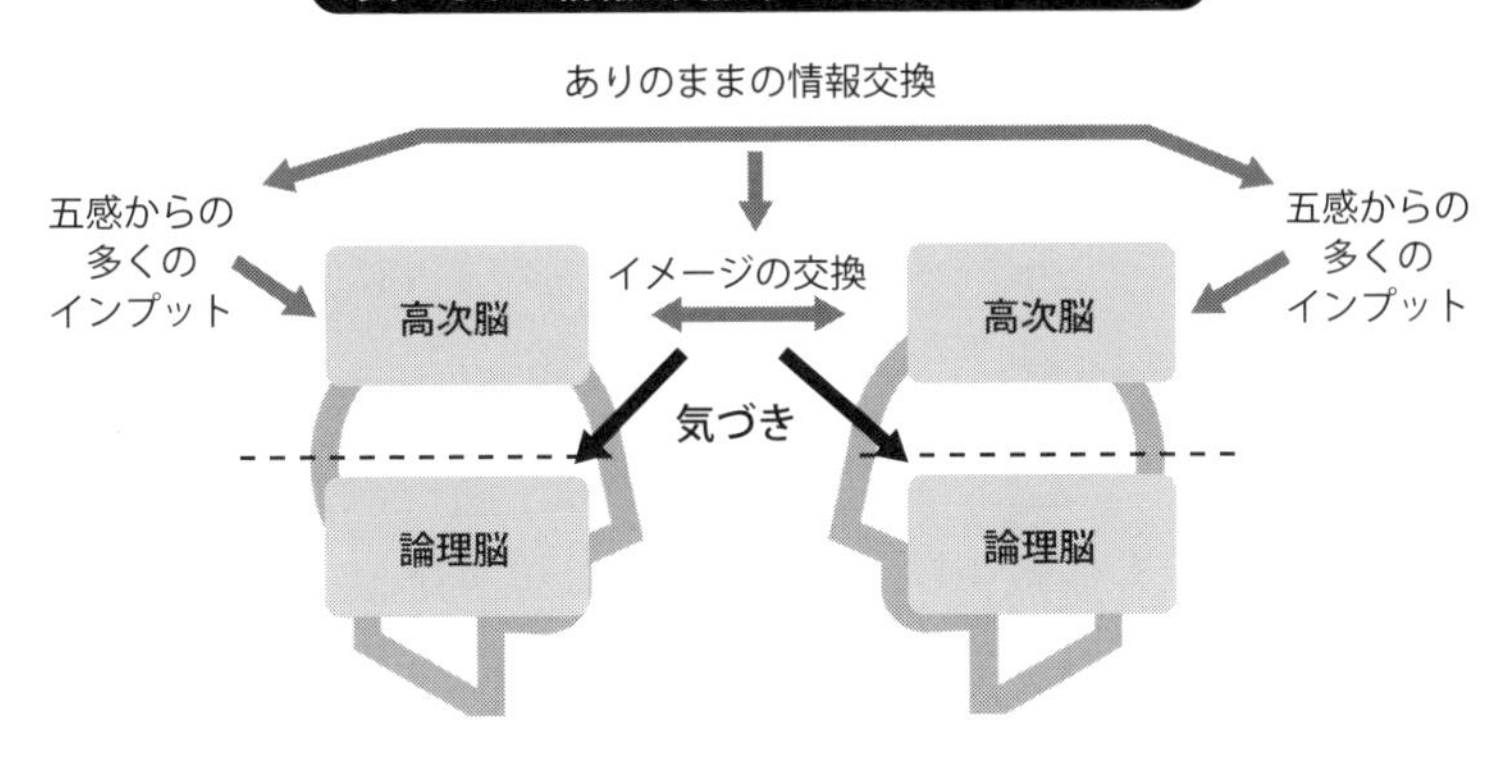

のプロセスは、高次脳で無意識に認識していた情報を、とことん考えて突き詰めた結果、論理脳まで届いた気づきのプロセスです。そして、この気づきは会話から生まれることが多くあります。

イメージで行うコミュニケーションが気づきを生む

私がキーエンスに勤めていた頃、そこで交わされる言葉に「イメージできるか？」というものがありました。当時はその問いかけが当たり前だったのですが、会社を離れて他の会社に入ると、コミュニケーションの理解度を測るのに「イメージできるか？」と聞かれることがほとんどありません。この「イメージできるか？」は、まさに俳句と同じコミュニケーションの方法ではないかと思います。

イメージは3次元の動画映像で、そこには感情や人間関係なども含まれます。さらにイメージは、単一でなく複数の可能性として存在しています。イメージ化は一瞬で行われ、もしこれをコンピューターに入力するとしたら、膨大な情報量になるでしょう。また、受け手がイメージできるということは、話し手の話をきっかけに、さらに膨大な情報を自ら再生できていることになります。

イメージには、どう行動すればどう変化するという時間の流れや、どういう感情が自分や他人に起こるのかという質感が伴います。そのため、行動に移すのが容易です。一方、イメージできていないものには、行動が言語化されていても質感が伴っておらず、行動を起こすのに抵抗が出ます。成功法則などでイメージ化の効用がよく語られていますが、まさにこれは、この時間の流れと質感から来る行動の容易さの効用を言っていると思います。

9-2 気づきを組織の学びと行動に変える

❖ 組織における学習はどのように行われているか

人が何かを学ぶときには、外部の環境に対して何らかの働きかけを行い、その外部環境の変化を観察して、新たにどのような働きかけをするか施策を決めます。これは心理学や機械学習で使われる、典型的な強化学習のプロセスです。ビジネスも、全く同じプロセスを経て進化していきます。個客という外部環境に対し、商品やサービスなどの製品を販売しようと働きかけ、その販売の結果である個客の変化を観察して、新たにどのような販売方法を行うか、どんな商品やサービスを提供するか施策を決めます。

さらに組織の場合、このプロセスを複数人で行うことになります。外部環境（個客）に働きかけをする人、その結果である変化を観察する人、次の施策を決める人が分かれている場合が多く、この学習サイクルを複数人で回すことになります。

❖ 気づきの積み重ねから生まれる新たな行動

こうした組織的な学習サイクルも、そのきっかけとなるのは気づきです。気づきは最初は小さなものも多いですが、それが積み重なると行動につながる大きな気づきを生みます。

例えば、自社商品の悪い評判がどこからか出ていて、目の前にいるお客様の購買行動に影響を与えたことがわかった場合、どのような気づきと学習のプロセスが起こるでしょうか。

○営業担当は最初、お客様が知人から悪い評判をたまたま聞いただけと思い、気に留めなかった（個別で例外事象だという認識）

○ところが、それが別の会社でも数件発生し、さすがにおかしいと思った（パターン認識

からのずれで起こる違和感の発生）

○それら複数のお客様から聞いた情報を集めて積み重ねて見ると、それらのお客様がとある学会でつながっていることがわかった（情報の獲得、会話からの気づき）

○「そうか、この商品を買う顧客は学会で情報交換をしているのだ」（気づきの発生）

○何とか悪い評判を挽回したい（イメージを伴う思考）

○挽回するにはどうすればいいか、みんなで議論する（施策を導く議論）

○会話の中で「学会で自社商品を紹介したら、逆に不評を挽回し、さらなる営業効果が期待できるかもしれない」という形でアイデアが展開される（行動のイメージ化）

○それが次の行動、すなわち学会でのセミナーという施策にすぐにつながる（実際の行動）

❖営業が生み出す創造

営業に創造はないと一般的には思われていますが、私たちは右記のような組織的な気づきと行動を、営業上の創造と呼んでもいいと思っています。こうした気づきの中には、「なぜ購入した顧客がリピートしてくれないのか」「不満に思っている点はどこだろう」という気づきの積み重ねから、商品の改良点が見つかる場合がよくあります。

気づきの積み重ねは、当事者本人の経験の積み重ね、本人と上司や同僚など、少人数での会話によるお互いの経験の積み重ね、会社の営業部員全員など、部署内の経験の積み重ね、そして全社員の積み重ねとどんどん大きくなっていきます。そして、大きくなればなるほど、積み重ねの効果は増していきます。

❖ 他部署・他職種は異なる気づきを持っている

さらに、役割が違う人同士の交流が、新たな気づきを生み出すことがあります。先の「学会で自社商品を紹介したらいい」というアイデアも、営業内でその気づきを閉じてしまうと既存商品のＰＲ会になりますが、開発スタッフに伝えると「自社の技術全般の説明会にしよう」に変わるかもしれません。また、マーケティングや販売促進スタッフが入ると、「他にも学会で話されている商品がないか調査しよう」ということになるでしょう。このように部署を超えて気づきを共有すると、様々な角度で新しいアイデアが生まれてきます。

気づきの共有から得たこれらのアイデアは、商品の多層化で言えば、最上層は、「営業スタッフの学会セミナー」、中間層は「自社技術全般の説明会」や「全国レベルの学会セミナー」、最下層は「気づきから新たな開発商品を作ること」となります。

❖ 気づきから起こる行動とロジックで考えた行動の違い

先の例の「学会に開発スタッフが行ってプレゼンをする」行動は、取り立ててユニークな活動ではありません。しかし、気づきからアイデアが生まれて行うのと、頭（論理脳）で「やるべき」と考えて行うのとでは、その効果が大きく違います。なぜなら、気づきから生まれているアイデアはすでにイメージ化されていて、そこには時間の流れと感情の質感があり、すぐに行動に結びつくからです。

頭で考えて計画されたアイデアは言語化されているだけで、実際に行動に移すには、いつどこで誰がやるのかなど、いろいろなことを考えなければなりません。気づきから生まれたアイデアは、アイデアが出たその瞬間に、アイデアを実行している人たちの顔が浮かび、その人たちの感情を感じ取り、行動の流れが見えてきます。頭で考えて計画されたアイデアには、それらがありません。これが大きな違いです。

この2つアイデアの違いは、字面を追っているだけでは見えてきません。ですから、これが報告書において「開発スタッフによる学会での説明会」と書かれていただけでは、気づきから発した生き生きした行動も、頭で考えて（受け身で）計画的に行ったものも同じ姿に見えます。本来は報告に、このような生き生きした感情が眼に見える形で入れられればよいのでしょうが、実際には逆に、報告はどんどん無機質化しているように見えます。

9-3 ありのままの情報が気づきの出発点

❖ありのままに伝えなければ気づきは生まれない

第8章で記載したように、気づきを生み出すことを阻むものの多くは、論理脳で整理したり、フレームワークを使ったりという、いわゆる頭で一生懸命考えることです。しかし実際には、他人に何かを伝えようとすると、どうしても頭の中で整理することをしがちです。

前編のまえがきで述べましたが、私自身、整理することを一生懸命やってきた結果、「ふーん、そんなものか（本当にそうなの？）」という反応を多く受けてきました。ところが、ありのままの姿を見てもらうと「なるほど」ととても納得してもらえます。結果的に、全く同じことを知ったとしても、誰か他人が咀嚼している情報を聞いただけでは腹落ち感がありません。腹落ち感を得るには、常に自分のありのままの経験が必要なのです。

多くの経験を共有している場合、整理された言葉でも、同じ経験から腹落ち感が得られますが、例えば海外と日本のように違う経験をしている場合、整理された言葉で経験をシェアすることができません。だから、直接経験してもらうことが重要になります。

一方で、経験することは時間的制約がありますから、次善の策として、伝えるときはできる限りありのままを伝えることが必要になります。そうすることで、初めて相手が自らの気づきを得ることが可能になります。

❖ ありのままを伝えることは簡単で難しい

ありのままを伝えることを実践するのは、自分の経験をそのまま伝えるだけですから、一見とても簡単に思えます。しかし、実際にはありのままを伝えるコミュニケーションは、ほとんど行われていません。

それは、ありのままを伝えること自体が難しいのではなく、ありのまま伝えることを阻害する要因が多くあるからです。ここでは代表的な阻害要因をいくつか挙げて、どうすればありのままのコミュニケーションをできるようにするかを考えます。

❖ 気遣いとプライド

ありのままに伝えることを阻害する要因の1つ目は、気遣いとプライドです。気づきを生むためには、整理されたり歪曲されたりした情報でなく、ありのままの情報で会話をすることが必要不可欠です。しかし現実には、ありのままを伝えるのは勇気がいることです。GE

の前ＣＥＯであるジャック・ウェルチが『Winning』という本で、企業が成功する要素の１番目にCandor（率直さ）を挙げています。そこでは、人は率直に自分が感じていることや思っていることが言えず、それを言えないことがビジネスの阻害になっている、という意味合いのことを言っています。

話す相手が、常に自分のことを全面的に信頼し尊敬していれば、人は素直でいることができ、遠慮や気遣いはなくなります。しかし、信頼・尊敬されているかどうかわからない場合、ありのままを伝えると「自分の能力がないと見られる」「いい加減な奴だと思われる」といった不安が起こります。

また、組織には序列があります。序列は安定を生み、トップの意思決定を組織で行動に移すのには有効です。しかし、その同じ序列が同時に「気遣い」を生みます。立場が上の人を気遣うがゆえに、言えない情報は多々あります。また、万が一ありのままを伝え、社内の他の人に嫌な思いをさせて人間関係が悪化すると、その後の仕事がやりにくくなります。

そんな困った状態になりたくない、それが「気遣い」という形で行動に表れます。また、対等の立場にいる人同士の場合、無意識にどちらの立場が強いかを会話の中で駆け引きしていることが多くあります。そして、自分の立場を優位にするために、「自分が不利になる情報は出したくない」というように情報をコントロールしてしまいます。

これらの気遣いや情報のコントロールは、率直な会話を阻害し、気づきを生むのを阻んでいますが、一般的に世間では、気遣いは道徳的に良いこと、会話における駆け引きは出世していく上で必要なことだとされています。

残念ながら逆に、「ありのままに伝える大事さ」はビジネスではあまり重視されていません。むしろ、ありのままに情報を出すと、「気遣いのない奴」「空気を読まない奴」「馬鹿正直な奴」と思われます。その結果、ありのままに情報を出すことが敬遠され、企業の中だけでなく社会全体としても、ありのままの情報を交換しないようになってしまっています。

❖ルール化、形式化

ありのままの情報を阻害する2つ目がルール化です。例えば、営業から開発に話をするときは、「窓口を一本にすること」「責任者を通して話をすること」「話す内容をまとめてフォーマットに記載すること」など様々なルールがあります。

ルール化は、効率的に仕事をするため、秩序ある仕事の枠組みを壊さないようにするため、お互いにそれぞれの領域を守って仕事をするために、とても大事な要素です。ルールがないと、人間関係は摩擦だらけになるかもしれません。しかし、同時にルール化することで、ありのままの情報を伝えることを阻害します。

形式化も同じです。会議の発表者を決める、発表内容の枠組みを決める、ある会議スタイルを踏襲して繰り返し行う。それは一方では組織の秩序を保ち効率化を促しますが、行き過ぎると、ありのままの情報がシェアできなくなります。

多くの人の前で話すとき、「気遣い」の対象は増えます。大勢の前で「馬鹿正直」に話すと、どこかで誰かに足を引っ張られるかもしれないという恐怖にさらされるから、この恐怖ゆえに形式的な会議を変える勇気は消え、そのままのやり方を続けた方がよいという感覚になります。そして、時間とともに自然と会議は形式化していき、ありのままの情報や質感のある情報は失われていきます。

❖〝スーパースター〟には要注意

３つ目の阻害要因は、一見、業績を上げるために必要なことと矛盾しますが、社内の〝スーパースター〟の存在です。営業力を上げたい経営者は、往々にして「営業のスーパースターがもっといればいいのに」と考えます。しかし、気づきを生む組織を作ろうとすると、スーパースターはむしろ逆に、気づきを阻む可能性があります。

理由は、スーパースターの声は大きくなりがちだからです。業績トップの営業スタッフが「自分のやり方はこうだ」と言うと、他の社員は「なるほどそういうやり方がいいのか？」

と思うようになります。

例えば「お客様の趣味を聞き出し、その話をするのが受注の鍵だ」という発言は、言った人が普通の営業スタッフであれば、「いやいや他にも要因がいっぱいあるだろう」となるのですが、トップの営業スタッフが言うと「そうなんだ」と真似をする人は多くなります。実際には、本人が影響力を出したくて発言しているケースは少ないと思いますが、受け止め側がどうしても重く受け止めるため、その人の意見が通りやすくなります。その結果、本当は複雑かつ様々な要因で売れていたとしても、それを指摘する発言は出にくくなります。こうして、ありのままの情報が流れなくなります。

この状況をさらに加速するのが、スーパースターを昇格させてマネジメントにしていく昇格人事です。これは、スーパースターになることが会社にとって大切だと公に認めたことになるため、それにより意見の多様化が急減します。

❖ 気づきを生むには誰を昇格させたらいいのか

ありのままの情報が流れるようにするためには、マネジメント・管理職には、多くの意見を取り入れながら仕事を進め、メンバーの育成を行い、みんなで知恵を出して仕事をしていく人が向いています。したがって、そういうタイプの人がマネジメント職に就くことで、

「メンバーの意見を聞く姿勢が重要」であることを会社が認めることになります。

会社では、人事異動や評価の一つひとつが、社員全員に対して明確かつ強いメッセージとなります。どれだけ声を大きくして方針を伝えても、方針と違う人事異動が行われると、その方針は徹底されなくなります。社員はそうした矛盾を、本当によく見ています。

もちろん営業成績など、短期の成績が良い社員への報酬も大切です。これはスポーツ界のやり方を真似て、プレイヤーとしての能力と管理者としての能力を分けて考え、プレイヤーには期間ごとにボーナスやインセンティブなどで、その功労に報いるのが良い方法です。

❖ 気づきを生むためには「下りエスカレーターを登る努力」が必要

相手の立場を気遣い、コミュニケーションの効率化のためにルールや形式を作るのは、人間の性です。組織が小さい間は人間関係が緊密で、気遣いやルールは少ないでしょうが、組織が大きくなればなるほど見知らぬ人が増え、そこで起こる気遣いやコミュニケーションのルール化、形式化は急増します。

これは自然現象です。生命が生まれてから老いていくように、組織も生まれてから老いていきます。この原因の一つが、ルール化や形式化などによる組織の硬直化です。したがって、ルール化や形式化を排除する努力は、あたかも下りのエスカレーターを登る努力のようになります。形式化した会議を見つけては壊し、何度も繰り返す努力が必要になります。

例えば、よく見られるのは、座る位置が決まってしまうといった遠慮と形式化です。どうしても意思決定権限や人事決定権限の強い立場の人に遠慮し、中央や上座を用意する傾向にあります。しかし、この座り方では本来出るはずの現場の意見が出なくなったり、発言時に構えてありのままからはほど遠い、遠慮だらけの表現になってしまったりします。

スティーブ・ジョブズがピクサーに入ったとき、あっという間に座る位置が固定される習慣ができたことで、会議室のレイアウトを変えたという話があります。また、ビデオ会議は形式化しがちです。私が米国にいたとき、米国は国土が広いこともあり、ビデオ会議は当たり前に行われていました。米国は、発言を自由に積極的にすることが幼少時から奨励されている文化ですが、それでも、複数拠点をつなぐビデオ会議は形式化してしまっていました。

形式化を打ち壊すには、主催者がちょっとバカな発言をしたり、ジョークを言ったりする努力が常に必要です。まして、日本と米国など国際的なビデオ会議で、通訳を挟むとより形式化が加速します。一方がもう一方に質問だけを行う、報告を一方的に受ける、その場でディスカッションをせずに持ち帰る（これは日本側が圧倒的に多いですが）ということが起こります。これではなかなか、ありのままの情報は得にくくなります。

これを解消するには、頻繁に会って話す機会を増やし、信頼関係ができた人を核にオープ

気づきを生む組織とは

	命令実行型	気づきを生む組織
知恵の出処	経営トップ 経営戦略部署 外部コンサル	現場に近い人と標準化を 行うスタッフとの間の会話
組織設計の中心	経営トップ	個客との接点
実行プロセス	命令	気づきの積み重ねによって 自然に起こる行動
学習サイクル	自社の成否と外部企業の ベンチマーク	継続して行う トライ＆エラー

ンなディスカッションを増やす必要があります。国を超えても、結局は人と人との接点を作る努力が重要なのです。

こうした「下りエスカレーターを上る努力」は、会社の規模が大きくなればなるほど、より困難で大変なものになります。したがって、気づきを生む組織を運営するための責任者やチームが、専門で必要になります。

❖時には組織のリセットが必要

「下りエスカレーターを上る努力」をどれだけ行ったとしても、組織の形式化・ルール化、すなわち座席が決まるような習慣化は増えていきます。逆にルール化がない組織は秩序がなくなり、組織として大きくなれないでしょう。

したがって、組織が大きくなるときは形式化・ルール化が増えるものと割り切り、行き過ぎた際は時にリセットすることも必要です。これは、組織のリストラというような大きな話ではなく、ある意味、学校でのクラス替えのようなものです。

学校で同じクラスが2年も続くと、その中の人間関係は固定化していきます。発言の影響力を持つ生徒も出て来ますし、意見を言える生徒と言えない生徒が出て来ます。会社でも同じことが起こり、こうして会議の席を決めるような暗黙のルールが出来上がります。これを防ぐには、責任の大きい社員の人事異動や、組織の統廃合などを継続的に行うことで、あたかもクラス替えを行うように、人間関係をリセットし再構築することが必要です。

9-4 多くの気づきを生む組織を作るには

❖ 従来の組織は気づきを生まない組織

「気づきの積み重ね」を作るには、「気づきを生み出す組織」を作ることが何より重要になります。命令を実行することが従来の組織のイメージだとすると、その組織は常識と異なるイメージの組織になるかもしれません。

気づきを生む組織は命令実行型の組織とは異なり、以下のような点が重要になります。

○個客接点からの情報を、いかにありのまま共有できるようにするのか
○そこからどう気づきを得るようにするのか
○得た気づきをどうやって集め、積み重ねるのか
○気づきの積み重ねからどのように次の施策・行動を決めるか
○行動の結果をどのように次の学習に取り入れるか

❖個客接点から組織を作る

個客接点から気づきを得るには、個客接点を持つ人がどういう役割と責任を担えばよいのでしょうか。個客接点を主に担うのは、一般に営業やサービスと言われる職種の人たちです。その人たちに、商品を売ることだけ、決められたサービスだけやるように求めると、気づきは生まれません。

気づきを生むには、まず個客との接点の中で、お客様に敬意を持たれ感謝されるような役割が必要です。なぜなら、敬意を持たれ感謝されることで、お客様と本音の話ができるようになるからです。

また、その感謝される役割は、商品を通じたサービスで行うことが大事です。これは、多

層化された商品の上層部の要素でもあり、そうすることによって、商品に関わる気づきが得られます。逆に、商品と関係ないキャンペーンなどでお客様を引きつけても、そこで聞くお客様の本音やスタッフの気づきは、商品と関係のないものになってしまいます。

次に、個客との接点で起こっては消える気づきを集め、積み重ねるのに、ありのままの情報を得る必要があります。ありのままの情報は、時間が経つと整理されて消えるため、日々雑談のように話を聞く聞き役が必要です。その聞き役は、個客接点を持つ人たちと同じ経験を共有している人がベストでしょう（前編第3章112ページ記載の「顧客接点情報収集スタッフ」になります）。

さらに、集めた情報から次の行動に結びつけるには、どうすればよいでしょうか。理想的には、話し合う中でみんなが「そう、それをやってみよう！」となるのが一番です。良い組織になると、次から次へとそうしたアイデアが出てきます。そこでは、むしろどうアイデアを取捨選択するかが重要になります。取捨選択の方法としては、行動を取った結果がすぐに測定できること、ある程度の結果の見通しがつくこと、それをやることによって犠牲にするものが少ないことを選ぶようにします。

そして、最後に学習効果を得るために、やってみた行動を振り返る習慣を身につけます。この習慣は、学習に重きが置かれていれば上手く行きますが、評価に重きが置かれると失敗します。評価を気にして良く見せようとする心理が働くと、ありのままの振り返りにならず、結果、状況が見えなくなり、学習効果が少なくなるからです。

❖ 多くの人の気づきを集める

気づきは「パターン認識のずれから起こる」現象ゆえ、複数の人が同じパターン意識を持てば、気づきを得る確率が上がります。そこからの気づきをシェアして、さらに気づきを生み出せば、次の行動の施策・アイデアが一定の頻度と確率で生まれることになります。

同じパターンで行うゲームは、囲碁であれサッカーであれ、常に気づきが複数の人の間で起こり、その気づきの積み重ねが進化をもたらします。日本の製造業の生産性が継続的に上がり続けたのも、これと同じ理屈でしょう。工場の生産設備という同じパターンを持つ情報をもとに、複数の人たちがその「ずれ」から気づきを生み出し、その積み重ねで改善が継続的に生まれます。その結果、世界でもまれな極めて高い生産性を生んだのでしょう。

日々の活動の中から多くの人が気づき、それを集めて生み出す創造、これこそが組織的な創造プロセスです。そして本書の最後でも述べますが、この創造プロセスは、日本の風土にとても合ったものだと考えます。

❖試すことでさらに確率を上げる

複数人が同じパターンを認識していることで、一定の確率と頻度で気づきが生まれ、蓄積されます。1人だと1年に1件の気づきしか出なくても、300人いればほぼ毎日気づきが起こることになります。そして「こうしたらいいんじゃないか?」という行動のアイデアが生まれ、そのアイデアを試すことが可能になります。

アイデアを試すときは、できればいくつかの異なる施策を用意し(ウェブの世界ではABテストと呼ぶ)、その結果を比べて行動を修正しましょう。これを早いサイクルで繰り返すことで、成功確率をさらに上げることができます。この部分は、本書の初めにお伝えしたシリコンバレーなどでβバージョンを作り、それを市場に出す中で変化させていくProduct-Market-Fitモデルと同じです。また、AIの強化学習のモデルも基本は同じプロセスです。

この学習プロセスは、ある意味当たり前の学習プロセスで、何かを体験的に学習するプロセスはすべて試行錯誤における失敗から学んでいます。この学習サイクルが、工場や店舗の改善でも起こっています。シリコンバレー流の開発手法は、決してこれまで誰もやっていなかった新しいビジネスプロセスではなく、日本でもすでに多くの現場で実践されていることなのです。ただ、そのやり方が、米国の西海岸の風土に合っているやり方と、日本の風土に合ったやり方で違うだけなのです。

〈後編：組織・風土編〉

第10章
共有化された価値観が気づきを組織の行動に変える

10-1
組織的な気づきは価値観が共有されていないと生まれない

❖組織の気づきには価値観や思いの共有化が必要

組織単位で気づきを生み出すためには、価値観や思いが共有化されている必要があります。なぜなら、価値観や思いが異なった場合、同じ状況でも異なる方向の気づきを生み出してしまうからです。

例えば、72ページに記載した旅館の例で言えば、女主人の母親が旅館を堅実に経営したいと思っている一方で、息子は自らが事業家として短期間で一旗上げたいと別の思いを持っていれば、異なる気づきが出てきます。また、女主人の母親が「亡くなったご主人の意思をしっかり引き継ぎたい」という思いを持っていると、ご主人の思い出が残る設備を改築したり、増設したりしたいとは思わないため、息子が得ている設備における気づきを、母親は得ることができないでしょう。

思いや価値観の相違は、判断を行う手前でそもそも異なる気づきを生み出してしまいます。旅館の例では、息子が社会的地位という価値観を優先し、母親が家族という価値観を優先した例とも言えます。

❖価値観にはある程度の感情が必要

先にも述べたように、深い気づきを得ようとした場合、感情の強さは重要です。感情は、潜在意識（高次脳）へのインプットに大きな違いを生むからです。その意味で、思いは、深い気づきを得るために大切な要素となります。貧困をなくしたい、みんなに喜んでもらえる商品を出したい、社員同士で絆の深い会社にしたいなど、同じ思いを持った人が集まったら、良いものが生まれることは容易に想像がつきます。

価値観には、「お金儲けは良くない」「友人とは信頼関係を気づくべき」「家族は第一に考えるべき」などの感情を含むものも多くあります。しかし一方で、優先順位的にまず家族、次に仕事というように、感情をあまり含まないものもあります。感情を含まないものは、世間の価値に合わせているだけで、心の奥で自らの価値観として出来上がっていない場合もあり、その場合は潜在意識へのインプットとしては弱いものになります。

❖価値観は組織的に共有化できる

気づきを生み出すプロセスとしては、感情が強い方が気づきは深いところから出てきやすくなります。その意味で、思いを共有化した組織は強い組織となります。本当に息が合った仲間が創業し会社を大きくした例などは、まさに思いを共有化した組織がもたらす成功例です。

しかし企業規模が大きくなるにつれ、創業時の思いを伝えることには限界が生じます。創業時の物語を用いて、思いを社員に広げようとする会社は多々ありますが、実際、その思いが琴線に触れるレベルまで共有化されている例は少ないでしょう。

一方で、価値観には思いほど強い感情の要素は含まれません。したがって、会社が何に価値を置いているかを明示し、その価値観に共感する人がともに働くといった、価値観の共有は可能でしょう。共有化された価値観は仕事で判断する基準として、また同じベクトルの行動を促す動機として、とても有効です。そして、ある程度の感情を含む共有化された価値観は、同じベクトルの気づきを生み出すのにも大変有効になります。

価値観が共有されれば、価値観に沿った企業の目的や問題意識は共有されます。企業価値観が利益（＝お金）にあり、その利益が従業員にも還元されるのであれば、利益拡大を企業の目的として共有することは容易です。価値観が顧客への持続的な貢献であれば、顧客の不満をゼロにすることを企業の目的にすることも容易です。

しかし、価値観と企業の目的が相反することもよくあります。例えば、顧客への持続的な貢献が会社の価値観として共有されているにもかかわらず、目的は利益拡大となっている場合、利益は少ないが長く取引をしているお客様に対して、どのように対応するのかで矛盾が生じます。いったん矛盾が生じると、企業の目的と価値観が一致しなくなり、社員の潜在意識に刻まれなくなります。この矛盾が表面化してオープンな議論になれば、いずれは解決するでしょうが、おそらくほとんどの場合はそもそも潜在意識に目的が刻まれないため、気づきそのものが起こりません。その結果として、矛盾や問題点が表面に表れてこない状態になります。これがすなわち、「組織が考えなくなる」状態です。

10-2 企業における価値観や思い

❖ 企業が持つ様々な価値観

企業が持つ価値観を、ここでは大きく7つに分けます。

①売上を拡大したい——この価値観は社会に対する影響力の拡大に向いている場合が多く、社会的により重要な地位を占めたいというもの

②雇用を拡大して社員の成長を促したい——これは、個人で言えば家族に強い価値を置いているのと同じ感性であり、社員を家族の一員のように大事にしたいというもの

③お客様にとってかけがいのない存在でありたい——これは、友情のような価値観であり、人のために役に立ちたいという貢献の思い

④技術や知恵で世の中に貢献したい——この価値観は、知に対して敬意を持つもの

⑤最高のブランドを目指したい——これは、美しくありたいという美の価値観とも言える

⑥誠実であり続けたい、あるいは徳を目指したい——これは、人としてどう生きるべきかという精神性を重んじるもの

❖社内で価値観が共有されるためには

このように、企業には様々な価値観があります。では、その価値観が社員の間で共有されるにはどのようにすればよいでしょうか。価値観の共有化（Shared Value）については、企業運営・社内風土についての論文や書籍などで多く触れられています。したがって理論的なことには触れず、私たちが経験の中から感じた、「気づき」を生むために重要な点だけを述べるにとどめます。

1つ目は、価値観の優先順位を明確に共有することです。右記の7種類の価値観の間で、優先順位がはっきりしない場合、社員は日々の行動において迷いが生じ、潜在意識へのインプットがされにくくなったり、気づきのベクトルがバラバラになったりします。

2つ目は、会社のメッセージに一貫性を持たせることです。企業が発信するメッセージには、社員向け、顧客向け、投資家向けと3つの関与者に対して行うものがありますが、そのメッセージが社員向けには「社員を育てる」、顧客向けには「顧客を大事にする」、投資家向けには「利益の拡大を目指す」というように使い分けられてしまうと、結局どれが一番大切にしたい価値観なのか、社員は混乱してしまいます。

3つ目は、掲げている価値観を、評価や人事異動との整合性です。「顧客とのつながりを保つこと」が企業における最も重要な価値観の場合、その価値観をしっかり持った人が責任ある立場になるのが当然です。もし、顧客とのつながりはそこまでではないものの、業績が良かった人が責任ある立場に昇進すると、社員の価値観は混乱します。いろいろなメッセージが会社の中には流れますが、社員に対して最も強烈なメッセージになるのは昇格人事です。その昇格人事において、企業の価値観との整合性を取ることは、非常に大事な点です。

Column 6

日本企業によくある価値観

日本はこれまで、社員の雇用拡大を価値観の中心にしていた会社が多いと思います。一部、技術系の会社が技術革新を価値観の中心に置いたり、中小企業を中心に、顧客とのつながりを最も大切にしていたりするところもあるでしょう。大企業では、会社の社会的地位、ステータスを上げることに価値を置いているところもあります。これらの価値観は、就職活動をする大学生でも感じ取れるものです。会社の価値観に共感して入社し、自分自身よりも会社の価値観を大事に考え、結果として長期間勤務する社員が多かったのがこれまでの日本企業の姿でした。

ただ、最近では外資系や金融機関、ＩＴ企業やベンチャーなどで、最高のブランドを求めるような価値観や、利益に集中する価値観が生まれてきて、従来の日本的でない企業も増えてきました。また、社員の価値観も多様化し、従来の企業が持つ代表的な価値観である雇用拡大や社会的ステータスを求めない人も増えてくる中で、企業の価値観も変容を迫られてくると思われます。

10-3 価値観が共有化されればあらゆる行動は容易になる

❖ 気づきが起きる仕掛けを作る

価値観が共有化されると、気づきを生み出すためのベクトルが一致します。その状況になれば、次は気づきが起こる仕掛けを行います。

まずは現場に近いところで、ありのままの情報をぶつける会話を増やします。

次に、目的を持った会話を行うよう習慣づけます。目的を持って会話し、出たアイデアを行動に移す。さらに、行動の振り返りの習慣を促します。例えば、営業が個客と接点を持つ

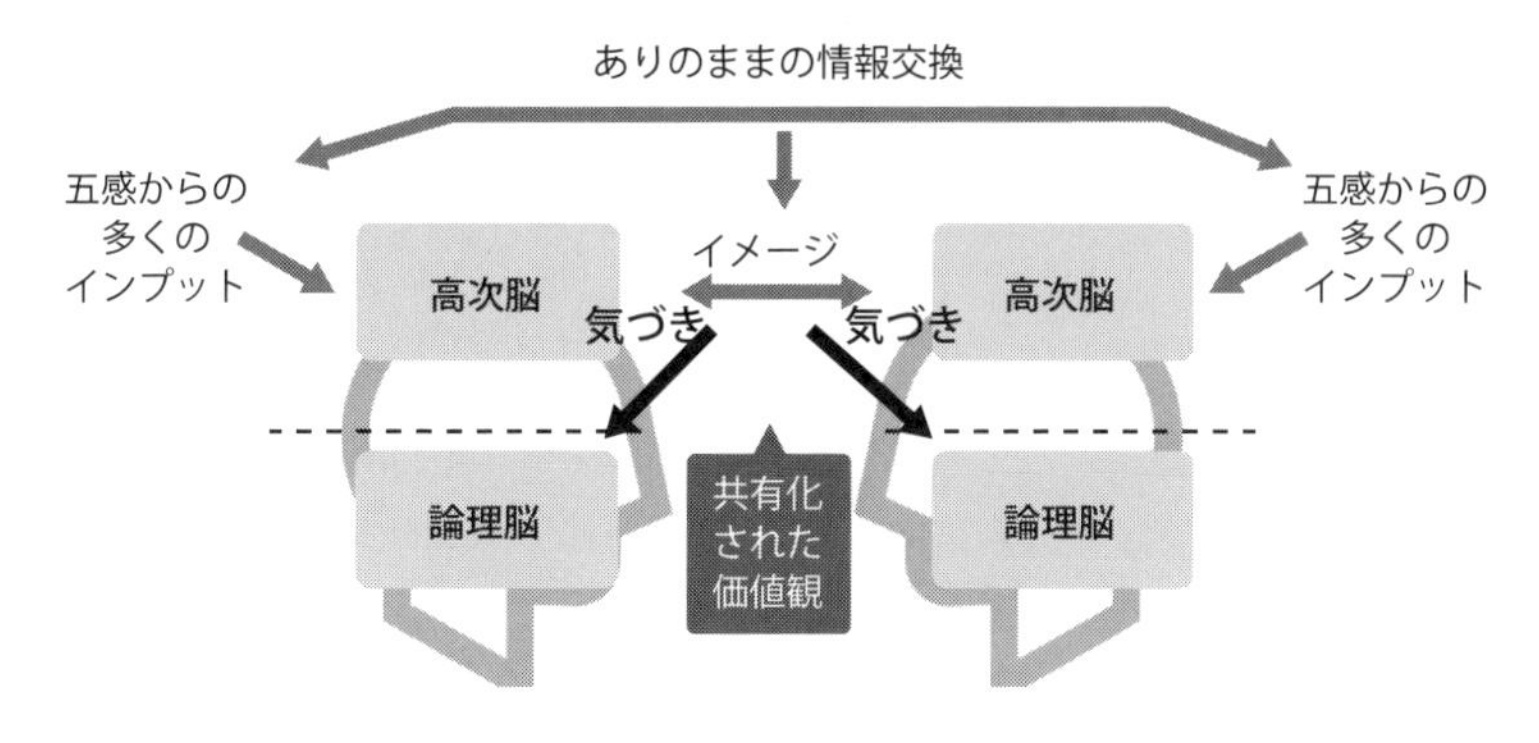

共有化された価値観があれば、会話によって同じ方向性の気づきを生み出すことができる

中で得た気づきがあった場合、次はその気づきをもとにして、この顧客には何を目的に訪問するか、相手に何を訴えかけるか、どういう情報を得るかなど新たな目的を持ってお客様を訪問し、それがどういう結果となったかを振り返ります。

目的を持った訪問と、そこからの反応をもとにした会話ができるようになれば、気づきは次から次へと生まれていきます。一方で、これは価値観の共有ができていないと、うまく回りません。例えば、営業の一人が「売れれば後は何をしてもいい」とか、「自分のノウハウはみんなには秘密にしておく」という考えであれば、気づきを生み出す会話は生まれません。

そうではなく、例えば価値観が、「情報やノウハウをシェアすることで、みんなで学びを増やし、成長し、結果、売上と利益を上げよう」という、学習や業績拡大に重きを置いたものであれば、気づきを生み出す循環は回り始めます。

❖ 得た気づきを、多層化された商品の他の層と共有する

気づきの循環が営業だけで起こっているのであれば、多層化された商品の最上層で起こるだけになります。ですが、その気づきを中間層を担う人たちとシェアすると、今度は最上層と中間層の間で気づきが生まれることになります。

例えば、ある商品がある個客に予想以上に受けたとします。その背景には、個客のコンプライアンス強化など環境の変化への気づきがあれば、営業だけでなく広告やプロモーションを強化したり、新商品を企画・開発したりできるようになります。このように、普段は個客と直接接することがない本社の人も、ありのままの情報をもとに、現場に近い営業の人と一緒にディスカッションすることで、層を超えた気づきの生み出しが可能になります。

❖ 多層化を意識することで、部署を超えた会話が可能になる

本社部門が新商品の企画を行うと、時間もお金もかかります。したがって、本社の人間は、企画を行う理由やその影響の大きさがとても気になります。ところが一般的には、営業

にとって将来の新商品は今の売上を上げるわけではないため、優先順位が低くなります。こうして、話が噛み合わないことがしばしば起こります。

しかし、多層化された商品という考えを会社の中で共有化していれば、営業の役割は売るだけでなくマーケッターとしての役割もあると自覚することになりますから、営業スタッフは、本社部門がする質問の意図や背景がわかりますし、長期的には本社が行う新企画も、営業の役に立つということも理解できます。その結果、営業は本社からの質問に対し、真摯かつ積極的に答えを探し出そうとします。たとえその場の本社との会話で答えが見つからなくても、答えを見つけようという目的意識が強くなり潜在意識にインプットされますから、その後、顧客訪問を重ねている間に、答えに気づくこともあるでしょう。

このように多層化された各層で、また層の間で会話が起こり、様々な気づきが生まれ、気づきが積み重なる中で次の施策が決まっていきます。そしてその施策を行う中で、再び新たな気づきが生まれ、それがまた次の施策を決めていきます。

こうして各階層で、また階層間で、気づきから施策と行動が起こり、そしてまた気づきが生まれるというサイクルが回り始めます。このサイクルが何度も重なり合って、個客の変化に対応する継続的な変化が組織的に行えるようになります。これがProduct-Customers-Fitの真髄であり、その根底には価値観の共有化があります。

10-4

複数の価値観を追いかける企業では、組織的な気づきは生まれない

❖ 複数の価値観を掲げると、気づきのベクトルはどうしても2つ以上になり、その間に矛盾が生じる

221ページで企業の価値観を7種類に分けて説明しました。そのうちの1つは利益ですが、残り6つは別の種類の価値観になります。利益以外6つの価値観は、利益を生み出すことに直結しているわけではありません。例えば「自分たちは最高のブランドを目指す」という価値観を掲げ、カフェのフランチャイズを展開した場合、その価値観のために内装設計にお金をかけ、結果、事業として利益が出ないことはよく起こります。このように、利益を度外視して価値観を追求してもよいかという迷いはしばしば起こります。

「顧客にとってかけがえのない存在になる」という、個客との絆を重んじる価値観を持った企業の場合、「顧客が苦しんでいるときに自社の利益が上がらなくても対応するのか」という迷いが生じます。このように、判断のベクトルが企業の価値観と利益という2つになる

と、迷いが生じてしまいます。

迷いが矛盾として顕在化され、どちらを取るかという判断をトップにまで仰ぐ場合は、最終的にはこの問題は解決します。どちらの企業価値観を優先させるか判断できるのは、最終的にはトップだけだからです。しかし、実際に多く起こっているのは、迷いが現場で放置され、結果として良い気づきがそもそも生まれない状態です。例えば、ブランドに価値観を置く企業で、デザイナーが「最高のデザインを目指すのにはこれだけのお金がかかる」と伝えても、財務の責任者が「それだと利益が出ない」と一度でも押さえつけてしまうと、デザイナーは自由にアイデアを出そうという気が起こらなくなるでしょう。

❖ 現場では決められない気づきのベクトル

このように、現場で2つの価値観が矛盾を起こした場合、結果として、どうしても決めないといけない数少ない案件のみが、意思決定者のところまで上がってくることになります。ベンチャーや中小企業であれば、社長が自ら現場に入り込み、自身が目指す価値観と事業を続けるための利益のバランスを、その都度判断して進めることも可能ですが、大企業では、トップがすべての意思決定に参画することはほぼ不可能です。

また、ベンチャーのようにトップの価値観がクリアな場合でも、社長以外のスタッフは、社長の価値観の大きさを推し量ることは難しく、企業の価値観と利益を並べてどちらを取るか判断することはなかなかできません。まして歴史の長い大企業で、トップが（利益以外の）何らかの価値観を持って事業判断をしている場合、利益と価値観のどちらを優先すべきか、トップ以外の誰かが判断することはほぼ不可能になります。

❖利益を優先する会社のみが、気づきの方向性をシンプルに決められる

このように考えると、利益を価値に置いている会社だけが、シンプルに判断できることがわかります。すべては儲かるか儲からないか、損か得かで判断が可能だからです。昔、大阪の商人や大阪に基盤を持つ会社は、社内の挨拶で「もうかりまっか？」と言っていました（今は聞くことが減りましたが…）。「儲かることが善」という風土が、大阪を拠点とする企業にあったのです。儲かることに価値を置けば、経営判断が非常にシンプルになります。

是非は問われますが、ヘッジファンドなどアセットマネジメントの金融業は、儲けることがほぼ唯一最大の価値のため、社員、株主そして顧客もシンプルに儲けを目指します。こうしてあらゆる判断がシンプルに行われ、運営が簡素化される分、利益額は大きくなります。

利益に価値を置く会社は、利益が目的となり、問題意識となります。そして、気づきは自ずと利益を生むための気づきになります。もちろん社員個人には利益以外の価値観が多々あ

りますから、一人ひとりの価値観と時に衝突することはありますが、組織として利益に価値を置く限り、判断がぶれることはなくなります。そして、社員一人ひとりの利益への思いの強さが、事業会社としての利益の強さになって表れます。

❖利益を企業の価値観に掲げるリスク

しかし一方では、利益のみを価値観に掲げるリスクもあります。そのリスクは大きく3つに分かれます。1つ目は、短期利益を追う危険性です。住友の事業精神に「浮利を追わず」がありますが、まさに浮利を追うリスクのことです。どんな利益でも追ってよいとなれば、バブル時代に本業を離れ、金融商品に手を出したようなことも起こります。したがって、自社にとって長期にわたり利益につながる資産を、何で生み出すかを熟考する必要があります。

2つ目は、利益を追い求めることが社会通念に反するリスクです。貧富の差を生み出す元凶が利益至上型資本主義だとする考えもあり、ヘッジファンドなどの金融業界が批判される所以でもあります。

3つ目は、利益を求めるがゆえにいろいろなことに手を出し、企業が自己のアイデンティティを内外ともに見失うリスクです。

❖「何をもって利益を上げるか」がもう一つの企業価値観

相反する価値観の矛盾、そして利益を唯一の価値観として掲げるリスクを考えたとき、企業の価値観は、利益と相反するのではなく、利益を追う対象に方向を与え、その貪欲さに制限を加えるものにすべきです。放っておくと、組織はいつの間にか浮利を追い、何にでも手を出し、無制限に利益を追い求めてしまいます。そこで、自社は何をもって利益を追求する会社なのかを定義する。それが、会社が掲げる利益以外の価値観のありようです。

世界一のブランドを持つカフェショップ、顧客とのつながりを大事にする部品メーカー、技術に世界で影響力を与えるＩＴ企業、いずれも何をもって自分たちは利益を上げるのかという方向性であり、同時に制限要素です。そうすると、現場で起こる気づきは、「どうすれば、自社の方向に沿って行う事業で利益を上げるか？」という価値観に集約されます。自社の価値観が組織の方向性となり、そこから目的意識が生まれることは、利益を上げるという事業の基本の価値観があってこそです。「利益を上げる」ことと、「何をもって利益を上げるか」という価値観の間に一貫性があれば、同じベクトルで気づきが生まれてきます。

このように、利益の方向性を示すものに企業の価値観があった場合、価値観に沿った活動を通して利益を上げることは、その価値観が社会の役に立つことの指標となります。それに共鳴した社員は、矛盾を感じず利益を最大化させようという動機が働くことになります。

〈後編：組織・風土編〉

第11章 気づきを生むリーダーの思いと気づきを生み続ける組織風土

11-1 組織に命を吹き込む人と、風土を作る人は別

❖ Product-Customers-Fitも気づきも、リーダーがいなければ始まらない

ここまで、高収益を上げる商品の多層化とProduct-Customers-Fitの手法、そしてその運営の根幹となる気づきを生み出す組織、そのような組織を可能にする条件について述べました。しかし、条件がそろえばできるかと言えば、そうではありません。生命としての臓器を

すべて集めてきても命が生まれないのと同じ原理で、最後は命を吹き込む必要があります。気づきを生む組織にとって、その命はリーダーの思いです。

特に組織がスタートするとき、あるいは組織に変化をもたらすときには、この思いの力がとても重要です。私もキーエンス時代に台湾や中国法人をゼロからスタートさせたとき、とても強い思いがありました。今思うと、その思いが多くの人を惹きつけ、成功に結びついたのだと感じています。しかし、命を吹き込むのがより難しいのは、組織を作るときではなく、すでに出来上がった組織を変化させるときです。すでに多くの人が長く会社で過ごしていますから、始めるとき以上に、強い思いがリーダーにないと、命が吹き込まれないでしょう。

❖組織が大きくなるにつれ、リーダーの思いは浸透しなくなる

しかし、組織が大きくなるにつれ、リーダーの強過ぎる思いはむしろ社員に依存心や、時に白けた感覚を生み出し始めます。また、集まる社員も企業のステージごとに異なります。スタート時の、リーダーの思いが強い時期には、その思いに共鳴する人で構成されている場合が多いですが、組織が大きくなり、さらに組織が拡大するためにやらなければいけない作業が増えてくると、思いに共鳴する人よりも、目の前の仕事をきっちり行う人が増えていき

ます。

さらに、組織全体の感情のありようも変化してきます。最初は思いに集まったメンバーで構成されているため、ポジティブな感情が中心ですが、組織が大きくなるにつれ、やらなければいけない仕事が増えて、ネガティブな感情が起こりやすくなります。また、組織が大きくなると、リーダーの思いも伝わりにくくなります。

❖命を吹き込む「思い」から、気づきを生み続ける「風土」へ

このように組織が大きくなるにつれ、リーダーの思いで組織の感情をポジティブにし、気づきを得ていくのにはどうしても限界があります。その結果、組織がある段階に達したときから、次ページで述べる「風土」を作り始める必要があります。

組織の風土を作るのに必要なリーダーシップは、命を吹き込むこととはある意味で正反対のものです。それは強い思いではなく、静かな傾聴であり、ポジティブな感情で気づきを促すだけでなく、時に適切なプレッシャーで気づきを促すことです。リーダーは、一人ひとりとの人間関係において影響を与えるだけでなく、組織全体のネットワークの中で、誰が何をすれば、どのように組織が変わるかを設計し、組織に仕掛けていく必要があります。これは、組織に命を吹き込むときに必要な、積極的で強いリーダーシップとは正反対の、静かで

思慮深いリーダーシップです。

さらに、その風土を担うミドルクラスのリーダーも、命を吹き込む時代とは異なり、より多くのメンバーの気づきに耳を傾ける必要があります。

このように命を吹き込むときのリーダーが、気づきを生み出す風土を作り上げることはほぼ不可能で、同一人物が行うことは困難です。したがって、うまく行くためにはリーダーが入れ替わることが必要です。リーダー個人にとっては辛い経験かもしれませんが、組織や事業にとっては有益な場合が多くあります。

11-2 気づきを生み続ける組織風土

❖ 風土とは何か

気づきを生むためには、そのための組織風土を作る必要があると述べましたが、そもそも風土とは何でしょうか。風土という言葉はあいまいで、そこにはいろいろな定義がありますが、本書では「構成要素間の情報のやり取りによって成り立つ生態系」と定義します。風土は風と土という漢字から成り立っていますが、自然界も、風が吹いて花粉が飛び、花粉から種が受精し、それが地面に落ち土から栄養を得て、芽が出ます。土の栄養は、枯葉を微生物が分解したものです。これほどまでに複雑な生態系は、誰かが目に見える形で全体を統制しているわけではなく、個々の自然が情報をやり取りする中で、成り立っています。

組織の風土も同じで、誰かが意図的に作ったわけでもないのに、組織に根づくことがあります。欧米企業は改革を行うときに多くの社員を入れ替えますが、それはその社員が役に立たないとか、新たなスキルを外部から入れる必要があるといった実利的な目的だけでなく、風土を作っている構成要素間の、情報の鎖を断ち切る必要があるからです。

例えば、若手社員に気づきがあっても、それを言えない風土があった場合、どれだけトップや会社が若手社員からの気づきを奨励しても、風土がそれを潰してしまいます。会社のトップが、営業の最前線から気づきを得ようと前向きな号令をかけたとしましょう。若い営業スタッフは、社長を前にして、興奮してすぐにでも意見を言おうとしますが、その後、急に黙り込みます。その営業スタッフの胸の内には、無意識にいろいろな感情が湧き起こりますｆ。その胸の中はこんな感じです。「X係長、Y先輩は、私の発言を『トップにいい顔をしたい』と捉えて不愉快になるだろう」「Y先輩は社内で顔が広い。悪い噂が広まったら私の居場所がなくなる」「やっぱり言うのをやめよう」。こうして、その若い社員は、トップから気づきを提案していいと承認され、一時はその気になったものの、胸の内で無意識にいろいろな人のしがらみから来るシナリオを想起し、発言するのをやめてしまいます。このように、表面的には何も起こらなかった出来事の後ろにも、風土があります。この場合の風土は上下関係という秩序を重んじる風土です。そして、この例において、上下関係が社内の人間のネットワークによって保たれているように、風土とは、「構成要素の情報ネットワーク」であり、その情報ネットワークの長年の蓄積です。

❖感情が風土

この若手社員は、社長が若い人に意見を求めたときに、最初は興奮しました。経営者に現場の意見を直接言えるチャンスだと喜んだのです。しかし、一日一日と思いを巡らすうちに、自分にとっては、意見を直接トップに言うことが不利になるとの恐怖心が起こってきます。この恐怖心の元になる、社内ネットワークによる噂の広がりという現象は、どのくらいの規模で、どれくらいの確率で起こるのか、理性的に捉えることはできないでしょう。しかし、恐怖という感情は抑えられません。その結果、何もしないでおくという選択を選ぶことになります。

どれだけ理屈が通っても、行動を決めるのは感情です。時にその感情は、無意識の領域にある高次脳のパターン認識から出てくることもあり、危機感からくる警報の場合もあるでしょう。その警報は時に胸が苦しい、胃が痛い、お腹がどうもしっくりしないなどの、身体の反応として現れます。

❖ 一度できた風土は簡単に崩れない

風土は、構成要素間の情報ネットワークであるがゆえに、簡単には崩れません。情報ネットワークとは、表現を変えるとしがらみです。

しがらみは悪いという印象がありますが、同時に組織を支える非形式な情報ネットワークでもあります。噂が広がるネットワークは、同時に大事な情報を流すネットワークでもあります。情報ネットワークによって、社内の誰がどんな性格かを知っていることは、臨機応変な分業を行うことを可能にします。

トップに抜け駆けしてアピールする社員を良く思わない感覚は、秩序を重んじる風土を生み出します。したがって、マイナスの風土を壊そうと情報ネットワークに衝撃を与えると、風土のプラス面も同時に壊すことになります。しがらみと情報ネットワークは表裏一体です。そのため、本当にゼロから組織を再構築するくらいの勢いでないと、風土は崩れないことになります。

❖ 風土は無意識に根づく

風土は組織内の情報ネットワークでできているため、個々の構成要素である内部の人間は、そのネットワークが成り立っていることすら理解していない場合が多いです。樹木の葉は、落ち葉となり微生物に分解されて、種の栄養になることを意識しているわけではありません。風は、花粉を運ぶために吹いているわけではありません。それと同じです。

自然界の絶妙な秩序は、情報ネットワークの生態系を築くことで成り立っています。自然界の一部である人間も、感情が起こす行動のランダムさ、人との出会いのランダムさ、相性が起こす人間関係のランダムさの重なりの中で、ある特徴を持つ情報ネットワーク（風土）を築き上げます。しかし、個々の要素である個人はその全体に気づくことは少なく、その結果、風土は無意識に構築されていきます。

11-3 風土を設計する

❖ 風土はトップの実践から変わっていく

このように、風土は大変難しいテーマです。本書では、その中で、Product-Customers-

Fitが成り立つ風土をどう作るかに焦点を当てて、著者の考えを記載します。

Product-Customers-Fitが成り立つ風土において大事な点は、「個客接点の現場を大事にすること」「ありのままの情報で会話をすること」「個客の変化に対応して、自らが常に変化すること」「商品多層化の全体を捉えつつ、自分の層の役割を理解すること」「役割を超えて、新しい価値を生み出すことに参画すること」「仕事の目的・問題を常に意識すること」「社内で共有した価値観を尊重すること」「常に利益を意識して判断すること」などです。

こうして書くととても難しく思えますが、どれもすべて当たり前のことです。ですから、説明する苦労はほとんど必要ありません。風土を作るときに大切なのは、これらの大事な点を影響力のある人が実践することにあります。

現場を大事にし、ありのままの言葉で語り、ありのままを語った社員を尊重する。個客の変化に対応して自らを変え、立場にこだわらず利益を生むための様々な活動や企画に参加する。そして同時に、細心の注意を払って、これらの事柄に反した行動をとらないようにすることです。普段はありのままのコミュニケーションを積極的に取っていても、悪い話には耳をふさいだりすると、あっという間にこれまでの努力は崩れてしまいます。

❖風土作りに欠かせない〝お金〟

会社と社員の、利害が一致することは、風土を設計する上でとても大切です。まずリーダーが社員に根づかせたい行動や価値観を実践すること、その上で社員に促すことは当然ですが、結局は実利がないと続きません。したがって、作りたい風土を根づかせるには、やはりお金という形でその行動をたたえていることを明確に表現する必要があります。

日本人はお金の話をするのが苦手です。しかし事業活動は、結局はお金儲けの活動であり、社員にとってもお金は生活に直結し、モチベーションに大きく響きます。したがって、お金を通じた会社と社員の関係を、公平・公正・オープンにして合理的に構築していくことは、とても大事なことです。

❖風土作りは最初が肝心

風土作りは最初に失敗すると、その後変化させるのに大きな時間がかかります。例えば、勤勉な風土は初期の数人の時代に作り上げないと、その後どれだけ頑張っても作り出すことはできません。したがって風土作りは、最初は少人数で時間をかけて進めていく必要があります。

たとえ大企業で資金が豊富にあっても、ベンチャーで資金が豊富に集まっても、多くの人を一度に採用すると、どうしても会社の価値観といった大事な事柄が浸透せず、それぞれの個性が強い組織が出来上がります。だから時間をかけて、一歩一歩社員を増やすことが大切になります。例えば、いったん人員が増えて社員が10人になれば、そこに半年で3人ずつ加わったとしても、その3人は最初の10人を見て、自らの行動に枠をはめます。いったんそうなれば、人数が増加しても最初に作られた風土が残ります。

逆に、いったんできてしまった風土は、簡単には変えられません。したがって、新たな事業を立ち上げる際、これまでの既存事業の風土では実行することが難しい場合は、組織をゼロから構築することも必要でしょう。

11-4 人員構成は気づきを生み出す風土に大きな影響を与える

❖ リーダー・組織・社員の年齢と気づき

私たちはビジネスをする上でも、学びの上でも、年齢はあまり関係ないという考えを持っています。ただ、年齢や経験で唯一差があるとすれば、「目の前に乗り越える壁があったときに、ある意味で無謀に行動できるかできないか」というものでしょう。年齢が若い、あるいは経験が少ない人は、その後の結果をあまり予測できないがゆえに行動を起こしやすい。もちろん間違った行動も多くあるでしょう。しかし気づきは、失敗を恐れて行動を起こさないより、失敗したとしても行動を起こす方が、確実に得られます。

ただ残念ながら、人は多くを経験すると、過去に乗り越えられなかった壁の記憶が増え、自然と失敗しない行動を取るようになります。それは、個人としては最適な行動かもしれませんが、組織としては、失敗を恐れて誰も何もしないことになってしまいます。あるいは、人は経験が長くなると、プレッシャーに対して免疫がついてしまい、外部環境が変わっても感情に変化が起こりにくくなります。気づきは潜在意識へのインプットですから、感情の大きさはとても重要で、感情が起こりにくくなると、その結果気づきが生まれない組織になります。

こうして経験を積んだ個人が、組織の気づきのプロセスにとって弊害になってきます。それは、個人にとっても組織にとっても決して良いことではありません。このように、企業が組織として気づきと若々しさを失うことと、企業の構成員の年齢が上がり、経験を積んだ個人が増えることが、ある程度相関していることは事実です。気づきを生み続ける組織にとって、個人の年齢と組織の年齢のバランスをどう取るかは、最も重要かつ難しい課題です。

❖リーダーも組織も変化し成長し続けることで気づきは起こる

個人と組織の年齢の関係を、健全に保つ最もシンプルな方法は、企業が変化し成長し続けることです。企業が成長すれば、新しい人が増えます。企業が変化・成長すれば、新たな分野が広がり、これまでと異なる経験をすることができます。これにより、組織が年齢を重ねても、経験の少なさゆえの失敗を恐れない（失敗すると思わない）強さを保つことができます。

また、企業も個人も成長を続けていると、プレッシャーに耐えて壁を乗り越えることをチャレンジだと思うようになります。この失敗を恐れない行動と、目の前の壁をチャレンジだと思う感情によって、気づきを生み続ける組織を作ることが可能になります。

個人としては、いくつになっても新たな気持ちで、経験から学び続ける姿勢が重要です。新たなことに常にチャレンジし、学ぶことそれ自体に喜びを感じられれば、気づきは必ず起こります。そして、その気づきが個人にとっても組織にとっても喜びになり続ける限り、組織は進化し成長し続けます。

〈後編：組織・風土編〉

第12章 日本だからできる気づきを生む組織の作り方

❖ シリコンバレーの創造を生む組織と日本のそれは違う？

Product-Customers-Fit、多層化された商品、気づきを生み出す組織についてこれまで述べてきましたが、これらは、すべて連続的な創造を生み出すためのものです。創造を生み出すと聞くと、シリコンバレー風のクリエイティブな雰囲気のイメージを連想される読者も多いと思います。オープンなフロア、遊び感覚のモノ作り、ポストイットが並ぶ壁、すぐにプロトタイプを作るアジャイルさ（素早さ）、ユーザーを巻き込んで試してもらう場所などです。このような組織では、自由なアイデアを出す社員たちが、社会の日常生活を支える様々な仕事の場とは全く異なる空間にいて、クリエイティブな活動に集中しています。

一方、従来の日本型創造は現場で生まれています。工場の改善も積み重ねれば立派な創造です。そこでは、クリエーションとオペレーション（日々の運営）は切り離されていません。工場の現場は通常、社会が必要なモノを生み出す活動（オペレーション）をしています。その活動を繰り返す中で、小さなトラブルが起こったり、あるいはふと設備の動きを見たときに、何か違和感を覚えたりします。そこから、改善のテーマが生まれてきます。

著者の前職のＴＨＫは、精度の高い工作機械や半導体機械に採用される重要な要素部品を作っている会社ですが、その工場に入って驚愕したことの一つに、現場の組み立てをしている作業スタッフがミクロン台の精度を出す調整をし、その調整が工夫の積み重ねでできていたことです。こうしたオペレーションとクリエーションの合体は、海外の工場に持っていったとしてもなかなかできません。

また、このクリエーションとオペレーションの合体は工場以外でも起きています。例えば、日本にはレストランや商業店舗で繰り返し工夫をしているところが多くあります。店長だけでなく、アルバイトの店員が良いアイデアを出すことも、日本ではよく見かけます。和菓子や伝統工芸品などが洗練されるのも、このオペレーションとイノベーションが組み合わさってできた創造の積み重ねです。世界を見渡しても、日本はかなり優れています。

❖ 教育のボトムラインが非常に高い日本

日本は米国などに比べ、「自分独自の考えを持ち、それを積極的に伝える教育がされていない」など、教育に関しては遅れているように言われることもしばしばです。確かに学校教育で教えるカリキュラムなどは、時代に合わせていく必要があるのかもしれません。しかし、日本が伝統的に持つ道徳観などは、学校や家庭で教えられなくても風土として日常に染みつき、自然に身につくようになっています。

私は長く海外に暮らし、多くの国に仕事で行きましたが、これらの国と比較すると、日本のスーパーマーケットやコンビニエンスストアの店員のサービスレベルは極めて高く、レジでの手際の良さや礼儀正しさが行き届いています。もちろん、海外にも社員教育が行き届いた店舗は多くあります。しかし、日本のサービスは社員教育がされていなくても、一定以上のレベルを保っています。社員教育をせずに一定レベルを保つことができるのは、ある意味驚きです。この教育のボトムラインの高さは、世界でも相当上の方にあるはずです。そして、それを形作っているのは日本の風土だと考えます。

風土による影響は、学校教育や家庭教育より、むしろ社会の人と人との相互関係によってもたらされます。だから日本人だけでなく、長く日本に住んだ外国人も、日本人と同じようなな礼儀正しさや基調面さを身につけていきます。この風土から生まれる資質は、日本人、日本が持つ大きな資産です。そして、この資産を最大限に活用したのが、大量生産時代の日本の製造業で行われた、現場の改善というイノベーションだったのだと思います。

製造業のイノベーションはそのまま製品の品質や性能に反映されます。製品という形になれば、海を越えて海外へ持って行くことは容易です。また、改善を繰り返した工場も、設備にノウハウを入れ込んで海外へ持って行くことは可能です。こうして日本の製造業は（少なくともしばらくの間）、世界的に競争力の高い産業になりました。

Product-Customers-Fitの手法は、個客との接点での気づきがすべての出発点です。製造業の現場とは異なるものの、個客と接点を持つ現場で行われている活動が出発点になります。そのため、現場の最前線にいる方たちが、主体性を持って仕事に臨み、改善を繰り返していく必要があります。その意味で、この現場の最前線にいるスタッフの資質が高いことは、Product-Customers-Fitの手法を成功させるにはとても良い条件になります。ですから、Product-Customers-Fitは、日本の風土にはとても合っている手法だと考えます。

❖「気づき」という日本語が象徴するもの

日本には「気づき」という言葉があり、日常で頻繁に使われています。英語にもInsightという、日本語にすると「洞察」という言葉がありますが、「気づき」ほど日常で使われてはいません。私は、「気づき」という言葉、それを大切にしてきた文化も、日本的な創造にとって大切な資源になり得ると考えています。

❖気づきを生み出す現場力

日本における現場の人材の質の高さ、個人より集団を重んじる気質の傾向は、オペレーションとクリエーションが合体する現場でいかんなく発揮されます。個客接点において当事者意識を持ち、気づきを生み出す創造の場です。コールセンターの社員がお客様に最適な商品を勧める、ファストフードのアルバイトが、お客様を待たせないように生産性改善の工夫や提案をする、コンビニエンスストアのスタッフが、より売れる商品の仕入れや最適な配列のための気づきを店長に伝える。こうしたことは、すべてオペレーション現場のレベルの高さを表します。

ただ、海外においてこれらの現場の気づきをもとにした創造を行おうとすると、大きな壁にぶつかります。まず、個客が求めることが異なります。だから全く同じサービスは、海外では通じません。また、現場スタッフが、細かい作業を行うと同時に全体を考えて気づきを生み出すことは少ないでしょう。ですので、日本でうまくいったからといっても、そのままでは海外では通じないのです。

製造業でも、新製品をいきなり海外で製造し始めると、初期の立ち上げの創意工夫が必要となるため難しいことが多く、結果として日本のマザー工場でラインを立ち上げ、改善を繰り返した後、その設備を海外拠点へ持って行くという方法がよくとられています。工場を商品と見立てて3層構造に当てはめると、改善を担う部分が最上層、工場運営のルールや方法が中間層、その改善とルールや手法を設備レベルに落とし込んだものが最下層になります。そして、日本において現場である最上層で改善を繰り返し、中間層や最下層にノウハウを落とし込んでから、その中間層と最下層を中心に海外展開する。そうすると、最上層の「人」の違いの部分に大きな影響を受けずに、日本のレベルの高さを生かしつつ海外に進出することができます。

これをサービス業に当てはめると、最上層は個客接点を持つ店舗の現場において日々の業務を行う機能、中間層は各店舗のサービスの標準化や新たな商品を増やす手法の確立を行う機能、最下層はITシステム基盤の構築や物流システム、店舗立地・設計などの仕組みの構築を行う機能になります。そして海外展開をする際は、日本において最上層で繰り返し行う改善を通じ、中間層、最下層の機能を確立した上で海外へ展開することで、日本と海外の「人」の違いにあまり影響を受けずに、海外展開を成功させることが可能になるでしょう。

あとがき

「はじめに」で述べたように、私（菅原）が海外で働きたいと思った動機は、世界で活躍する日本ビジネスマンの姿でした。そして、本書を書こうと思ったのは、長く日本企業において海外でビジネスをする中で、日本企業には日本企業ならではの強さがあり、それを少しでも顕在知化することで微力ながらも役に立てるのではと感じたからです。多くの日本人や日本企業が自信を持って世界に目を向け、世界で活躍するようになってほしいと心から思っています。

これからの時代は、明治・大正・昭和の時代と大きく異なります。西洋がリードしていた時代から、隣国の中国が大国になる時代へ。モノがない時代から、世界中でモノもお金もあり余る時代へ。その結果、モノやお金が持つパワーが減少し、豊かさの意味が物質的なものから別のものへと転換していくでしょう。

また、農業や工業だけでなく、オフィスワークやサービスの仕事もＡＩで自動化されます（貧富の差の課題解消は残りますが）。総じて見ると、生活のために働く必要がほとんどなくなり、より豊かな社会が生まれます。これは人々の労働に対する考え方を変えるでしょう。また、世界中の情報がインターネットを通して１次情報でダイレクトに伝わり、知ることができます。したがって、これまで強い力を持っていた新聞・テレビなどの媒体の力がますます弱まっていくでしょう。このように、１６００年頃から長い間、力を持っていた西洋文明やメディア、お金や労働といった価値観が大きく変化していきます。

この激変する世の中において、人々が抱く価値観もどんどん変わっていくでしょう。私見ですが、これまでの価値観は、学校教育やメディアなどを通して、社会から与えられたものが大半でした。今、その価値観が崩れ始めています。昨日まで価値を感じていたことに、明日価値を感じなくなることは、日常で当たり前に起こるでしょう。その中で、人として組織として、何かしらを社会に価値を提供し続けるためには、「社会の変化を感じるアンテナを張り続けるとともに、自分の核となるものを日々の活動の中から創り上げていく」ことが、当たり前のこととして必要になると思います。

本書では企業組織に焦点を当て、この「変化を感じるアンテナを張り続けるとともに、自分の核となるものを日々の活動の中から創り上げていく」発想をProduct-Customers-Fitという概念に落とし込んで説明してきました。さらに言えば、これからの世の中では、個々人一人ひとりが、変化する社会活動に対し、自分が持つ個性的な強みをどう社会にフィットさせていくかが、企業よりも重要になる時代が来ると思います。そして多くの人が、自分の持つ個性的な強みを、変化する社会にフィットさせたとき、本当に豊かな社会が築けると思います。

最後に、これまで長期にわたる貴重なビジネス経験を与えてくれた、前職・前々職の多くの上司や仲間の方々、また本書発刊のきっかけをくださったＴＨＫ株式会社の寺町崇史専務、日刊工業新聞社の井水社長、そして初めての出版に多くのアドバイスをくださった奥村局長、矢島氏に、この場を貸りて深く感謝を申し上げます。

〈著者紹介〉

菅原 伸昭（すがはら　のぶあき）

1991年京都大学卒業後、日商岩井株式会社に入社。産業機械などの日本・中国・アジアでの営業を経験後、自費にて中国へ語学留学。1996年に㈱キーエンスに入社し、30歳にて現地法人責任者として台湾法人を立ち上げ、その後中国の現地法人を設立、現地法人責任者として中国事業拡大に貢献。さらにアメリカ・メキシコ現地法人責任者を歴任。2014年からTHK㈱にて執行役員事業戦略特命本部長として、グローバルマーケティング・商品企画・データ分析の部署を立ち上げる。2017年からはAIベンチャーを立ち上げるとともに、営業組織構築のコンサルティングや業界構造・ビジネスモデル解明のリサーチなどを行っている。

藤井 幸一郎（ふじい　こういちろう）

1975年東京都生まれ。早稲田大学法学部を卒業後、1998年に中央官庁に入省し、資産流動化・不動産投資信託法の法案作成や国会質疑対応業務などに従事する。その後、東京大学大学院を経て、公会計基準の策定業務を行う。2006年にコンサルティング会社へ転職し、プロジェクトマネジャーとして、事業戦略の策定などの上流工程から、組織・業務の設計、ハンズオンでの現場改革といった下流工程までのプロジェクトを様々な業界に対して実施する。2013年に独立し、経営戦略策定や市場分析などのコンサルティングを大手・中堅企業に対して実施するほか、東日本大震災の被災地のNPOとともに、地域のデータブックの作成を行う。2017年にアトラトル㈱を設立し、海外市場の消費者や販売チャネルの「ありのまま」の調査とその背景データを分析して提供するサービスを行っている。

本書に関するお問い合わせは下記にご連絡ください。
nobu.sugahara@euler-intl.com
www.euler-intl.com

利益を上げ続ける逆転の発想
「あいまい・もやもや」こそが高収益を生む

NDC336

2018年 3 月26日　初版 1 刷発行

定価はカバーに表示されております。

©著　者　菅原伸昭
　　　　　藤井幸一郎
発行者　井水治博
発行所　日刊工業新聞社

〒103-8548　東京都中央区日本橋小網町14-1
電話　書籍編集部　03-5644-7490
　　　販売・管理部　03-5644-7410
　　　FAX　03-5644-7400
振替口座　00190-2-186076
URL　http://pub.nikkan.co.jp/
email　info@media.nikkan.co.jp

印刷・製本　新日本印刷

落丁・乱丁本はお取り替えいたします。　2018　Printed in Japan

ISBN 978-4-526-07839-2　C3034